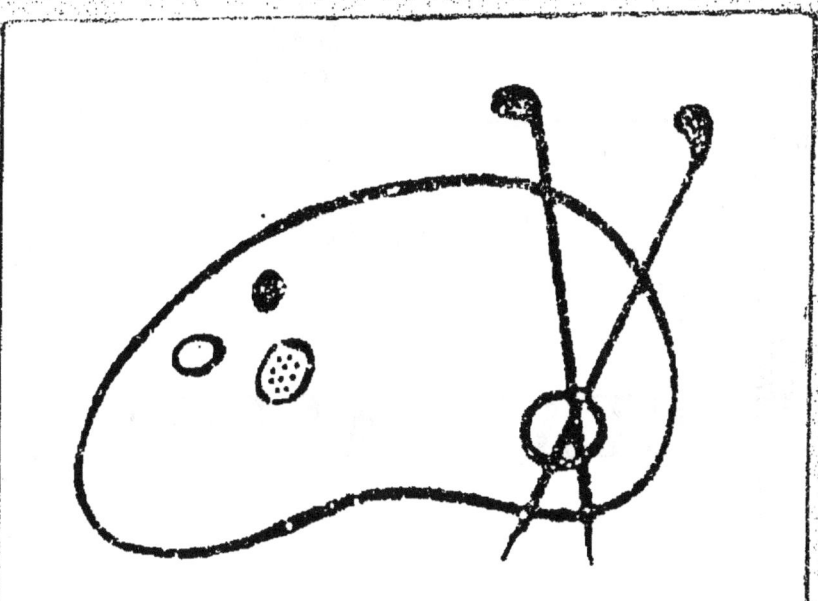

Couvertures supérieure et inférieure en couleur

BIBLIOTHÈQUE DE LA JEUNESSE CHRÉTIENNE
5ᵉ SÉRIE

LA BERGÈRE
DE
BEAUVALLON

PAR

STÉPHANIE ORY

TOURS
ALFRED MAME ET FILS, ÉDITEURS

BIBLIOTHÈQUE DE LA JEUNESSE CHRÉTIENNE. — 5ᵉ SÉRIE.

Adèle.
Alexandre, ou la peste de Marseille.
Ange de Charité (l').
Angèle.
Apolline, par Mᵐᵉ V. Vattier.
Aventures (les) du cousin Jacques, par Just Girard.
Bergère de Beauvallon (la).
Berthe et Fanny, par Marie-Ange de T***.
Bianca l'Esclave, par Mᵐᵉ A. Grandsard.
Blanche et Isabelle.
Cloche cassée (la), par Just Girard.
Clotilde de Bellefonds.
Comtesse de Mercœur (la).
Demoiselles d'Héricourt (les).
Écolier vertueux (l').
Élise et Céline.
Émilie et Claudine.
Expéditions portugaises aux Indes Orientales.
Fille du Chancelier (la), par Mᵐᵉ A. Grandsard.
François, par Just Girard.
Gaetano, par E. Bossuat.
Génie de Buffon.
Hélène, par Mᵐᵉ Grandsart.
Henriette de Saint-Gervais, par Mᵐᵉ de la Rochère.
Hermance.
Jean-Pierre.
Laurent et Jérôme, par Étienne Gervais.
Leçons d'une Mère (les).
Léon et Alice, par Théoph. Ménard.
M. Cendrel, ou le Travail c'est la santé, par Et. Gervais.
Madone de la forêt (la).
Mathilde et Marthe, par Mᵐᵉ Valentine Vattier.
Passeur de Marmoutier (le), par Just Girard.
Paul Davadan.
Père Tropique (le).
Périne, par Marie-Ange de T***.
Petit Homme noir (le).
Pierre Chauvelot, par Just Girard.
Pierre Reboul, par Théoph. Ménard.
Pieuse Paysanne (la).
Recueil de contes moraux à l'usage des jeunes filles.
Sabotier de Marly (le).
Scènes instructives et amusantes, par Léon Forster.
Secret de Madeleine (le), par Marie-Ange de T***.
Sidonie, par Mᵐᵉ V. Vattier.
Souvenirs de Charité.
Souvenirs des temps Mérovingiens, par J.-J.-E. Roy.
Souvenirs du Sacré-Cœur de Paris.
Théodule.
Thérèse ou l'Expiation, par Marie-Ange de T***.
Trois Nouvelles, par l'abbé Paul Jouhanneaud.
Turenne (histoire de), par l'abbé Raguenet.
Une Famille Créole, par Just Girard.
Une Vertu par Histoire, par Mᵐᵉ Th. Midy.
Vacances à Fontainebleau (les), par Mᵐᵉ C. Lebrun.
Vengeance Chrétienne (la).
Voyages dans l'Hindoustan, par E. Garnier.
Voy. et Découv. en Océanie, par N.-A. Kubalski.
Yvonne, légende bretonne.

BIBLIOTHÈQUE

DE LA

JEUNESSE CHRÉTIENNE

APPROUVÉE

PAR MGR L'ARCHEVÊQUE DE TOURS

—

4e SÉRIE IN-12

PROPRIÉTÉ DES ÉDITEURS

« O mon Dieu, je vous offre le sacrifice de ma vie; mais sauvez cette jeune personne. » (P. 102.)

LA BERGÈRE

DE

BEAUVALLON

PAR

STÉPHANIE ORY

—

CINQUIÈME ÉDITION

TOURS

ALFRED MAME ET FILS, ÉDITEURS

—

M DCCC LXXVI

LA BERGÈRE
DE BEAUVALLON

CHAPITRE I

Une jeune personne accomplie.

A l'âge de quinze ans, Julia passait aux yeux de ses parents, de ses amis et connaissances, de tout son entourage enfin, pour ce qu'on est convenu d'appeler « une jeune personne accomplie ». Chacun en faisait compliment à Mᵐᵉ Monteley, sa mère et son institutrice, et plus d'une fois celle-ci entendit cette exclamation flatteuse charmer son oreille : « Heureuse mère d'avoir une pareille fille ! Plus heureuse encore la fille qui possède une telle mère. »

Mme Monteley acceptait ce compliment avec une modestie tant soit peu mêlée d'orgueil maternel. Moi seule, il est vrai, répondait-elle, je me suis chargée de son éducation ; mais si j'ai réussi, je n'ai pas à cela un grand mérite, car Julia était douée des meilleures dispositions et de qualités excellentes.

En effet, Mme Monteley avait été l'unique institutrice de sa fille, et, hâtons-nous de le dire, une institutrice très-capable ; car c'était une femme des plus remarquables, non-seulement par une haute intelligence, par la variété des connaissances, et toutes les facultés qui distinguent un esprit supérieur, mais aussi par de solides qualités du cœur, plus précieuses encore que celles de l'esprit. Avec une semblable maîtresse il eût fallu que l'élève fût tout à fait inepte pour ne pas retirer de grands avantages de ses leçons ; mais, comme le disait sa mère, Julia était heureusement douée par la nature, et sa jeune âme recevait avec d'autant plus d'avidité et de profit les instructions qu'on lui donnait, qu'elles lui venaient d'une personne tendrement aimée. Aussi, en voyant la haute capacité de l'institutrice et la docilité intelligente de l'élève, serions-nous tentés de répéter, avec les flatteurs de Mme Monteley, que sa fille était « une jeune personne accomplie », si un point essentiel n'eût manqué à cette condition proclamée si parfaite. En effet, Mme Monteley avait initié Julia à toutes les connaissances qui conviennent à une jeune fille de sa condition : grammaire, littérature, histoire, langues étrangères, arts d'agrément, rien n'avait été oublié, excepté une seule science, la plus utile de toutes, celle de la religion.

Ce n'est pas à dire pourtant que Mme Monteley fût une femme impie ; non, elle était seulement indifférente. Si quelqu'un même lui eût reproché de n'avoir pas instruit sa fille dans la religion, elle se serait récriée avec force en disant : « Comment ! mais je l'ai envoyée au catéchisme pour faire sa première communion, et elle l'a faite il y a deux ans ; de plus, elle a été confirmée ; elle va à la messe tous les dimanches avec moi ; elle a fait deux fois ses pâques depuis sa première communion : que voulez-vous de plus ? »

— Que voulez-vous de plus ! Voilà un langage qui eût grandement étonné nos pères, et qui malheureusement est devenu bien commun aujourd'hui dans toutes les classes de la société, et parmi une foule de gens qui se disent chrétiens.

Mme Monteley était de ce nombre. Élevée elle-même par des parents indifférents, elle avait donné à sa fille l'éducation qu'elle avait reçue ; ayant fait sa première communion, elle avait tenu à ce que sa fille la fît aussi ; elle allait à la messe le dimanche, parce que cela était convenable et pour ne pas se faire remarquer. Mais, sauf ces deux points, elle vivait tout à fait en dehors des influences chrétiennes. Loin de trouver dans son mari quelqu'un qui l'eût ramenée au respect et à la pratique de la religion, elle n'avait rencontré dans M. Monteley qu'un sceptique imbu des attaques de la philosophie voltairienne, plutôt disposé à tourner en ridicule qu'à approuver les faibles signes de religion qu'elle donnait encore extérieurement.

Puisque nous avons annoncé M. Monteley, il est bon de faire connaître ce personnage, quoiqu'il ne doive occuper qu'une place secondaire dans notre récit.

M. Monteley avait longtemps exercé honorablement, dans une grande ville de province, les fonctions de notaire. Sa probité, sa délicatesse poussée jusqu'au scrupule, lui avaient attiré une nombreuse clientèle, dont il avait à juste titre mérité la confiance. Après vingt ans de travaux assidus, il s'était retiré des affaires avec une fortune loyalement acquise. C'était un homme instruit, bienveillant, modéré, consciencieux pour tout le reste ; mais, sous le rapport religieux, il se montrait ignorant, hostile, toujours prêt à railler et à combattre avec l'arme du sarcasme Dieu, sa religion et ses ministres.

En somme, les deux époux, assez bien assortis, comme on a pu en juger, réunissaient à un degré remarquable ce qu'on appelle les vertus sociales. Le mari était généreux, fidèle à sa parole, facile et agréable dans ses relations, toujours prêt à obliger, soit de sa bourse, soit de ses conseils, un ami dans l'embarras ; la femme était compatissante, aimait à soulager l'infortune, et rarement le malheureux invoquait en vain son secours. Mais ces vertus, quel qu'en fût le mérite aux yeux du monde, manquaient du principe religieux qui leur eût donné la vie. On obligeait pour satisfaire ce besoin du cœur qu'éprouve toute âme bien née de rendre service ; peut-être même y entrait-il un peu de vanité et d'ostentation. C'était ce que, dans le langage du monde, on appelle de la philanthropie ; mais ce n'était pas de la charité chrétienne. Or il y a entre la première et la seconde autant de différence qu'il en existe entre la pâle et froide clarté de la lune et la lumière splendide et la chaleur vivifiante du soleil.

Malheureusement le monde se contente aujourd'hui de ces vertus purement humaines, que dis-je? de l'apparence même de ces vertus, pâle reflet de la charité chrétienne, pour proclamer celui qui les pratique au-dessus de tout éloge ; et celui-ci, semblable au pharisien dont parle l'Évangile, se croit parfait « parce qu'il n'est pas comme les autres hommes qui sont voleurs, injustes et adultères, et qu'il donne aux pauvres une partie de son bien ». Tous les jours vous entendez des gens répéter : « Je ne fais de tort à personne, je rends service autant que mes moyens me le permettent, je paie exactement mes dettes, je suis bon époux et bon père : qu'ai-je besoin, après cela, d'aller à la messe, à confesse, et de suivre toutes ces minutieuses pratiques auxquelles les prêtres veulent nous assujettir ? » Défiez-vous, mes amis, de ceux qui tiennent un pareil langage ; j'aimerais cent fois mieux avoir affaire à ce publicain qui, loin de se croire un homme parfait, n'osait seulement lever les yeux au ciel, et disait en se frappant la poitrine : « Mon Dieu, ayez pitié de moi, qui ne suis qu'un pécheur ! »

Cependant, quand ces vertus partent d'un cœur droit et sincère, elles sont souvent l'indice d'une âme d'élite, mais égarée, que le malheur du temps éloigne du christianisme, et qui ne cesse peut-être d'y aspirer sans s'en douter, au milieu des préjugés dont elle est remplie contre lui ; âme naturellement chrétienne, et qui, du jour où la vérité lui apparaîtra, la reconnaîtra sans peine, et l'embrassera sans hésitation. Ceci peut-il s'appliquer à la famille Monteley ? c'est ce que la suite nous apprendra.

Julia n'avait donc reçu d'autre éducation morale que celle que peut donner la sagesse purement humaine, éducation sans racine et sans force quand elle ne s'appuie pas sur la religion. Ce qu'elle avait appris du catéchisme quand elle se préparait à sa première communion était déjà oublié, et ce grand acte même, dont la trace demeure ineffaçable au fond de tant de jeunes cœurs comme un des événements les plus importants de la vie, n'avait laissé dans celui de Julia aucune impression féconde, pas même un souvenir ému. Déjà elle prenait en dégoût les quelques pratiques religieuses continuées depuis cette époque, et les faibles croyances qu'avaient jetées dans son esprit les leçons du catéchisme tendaient à s'affaiblir de jour en jour. D'ailleurs elle se sentait fortement attirée du côté du monde, de la toilette, de la vanité, et l'on sait combien tout cela est mortel pour le sentiment chrétien, qui vit de simplicité. Les divins attraits de la religion ne disaient rien et n'avaient jamais rien dit à ce jeune cœur; et, selon toutes les prévisions humaines, ce peu même ne tarderait pas à disparaître, et la fille, sous ce rapport, ressemblerait bientôt à sa mère.

Dieu permit que des circonstances inattendues vinssent détourner ce malheur.

CHAPITRE II

Le sentier du Petit-Bois.

La santé de Mme Monteley était chancelante depuis quelque temps. D'un autre côté, Julia, dont la croissance avait été rapide depuis deux ans, était loin d'avoir atteint un développement de forces et un embonpoint proportionnés à sa taille. Les médecins déclarèrent que le séjour de la campagne était absolument nécessaire à ces deux santés, pour le rétablissement de l'une et l'affermissement de l'autre.

Cette décision de la Faculté était loin de

contrarier les projets de M. Monteley, au contraire. Depuis longtemps il avait l'intention de se fixer à la campagne, au moins pendant une grande partie de l'année ; car le rêve de toute sa vie avait été de pouvoir, une fois retiré des affaires, utiliser ses loisirs en s'occupant de plantations, de défrichements, de multiplication de prairies artificielles, de drainage, enfin de toutes les opérations de l'agriculture, pour laquelle il s'était toujours senti un goût prononcé. Il avait dans ce but acheté une magnifique propriété, dans laquelle il était impatient de mettre en pratique ses connaissances agronomiques. Mais Mme Monteley avait toujours retardé l'exécution de ce projet, sous différents prétextes : tantôt elle se sentait trop faible pour supporter les fatigues d'un si long voyage, près de quatre cents kilomètres, en voiture, car il n'y avait pas de chemin de fer dans cette direction ; tantôt c'était Julia qui avait encore besoin de quelques mois de leçons de ses maîtres de musique ou de dessin pour se perfectionner dans ces deux arts. Le véritable motif, c'est que Mme Monteley était une femme qui aimait peu à changer ses habitudes; elle s'était fait une existence douce, agréable, régulière, à laquelle elle tenait beaucoup; quoiqu'elle n'allât guère dans le monde, elle recevait chez elle une société peu nombreuse, mais choisie, dont l'absence lui causerait une grande privation. Elle tremblait de se voir enterrée dans un pays perdu, où il n'y aurait personne à voir; on avait beau lui vanter les charmes du paysage, ce moyen de séduction la touchait peu, elle qui ne sortait que rarement de sa chambre. Ce seraient donc de nouvelles habitudes à contracter, toute une vie nouvelle à se créer, et c'était là ce qui l'effrayait. Mais, dès qu'elle eut connu la décision des médecins, elle n'hésita plus : non par intérêt personnel, parce que, s'il ne se fût agi que d'elle, elle eût encore fait des difficultés; mais il était question de la santé de sa fille, et cette considération seule l'emportait sur le reste.

Le départ fut donc décidé pour les premiers jours de mai 185... Le trajet était devenu beaucoup moins pénible; car pendant les retards apportés par Mme Monteley une nouvelle section de chemin de fer s'était ouverte, et avait réduit à douze heures au plus un voyage qui eût duré plusieurs jours en chaise de poste. Ainsi Mme Monteley et sa fille se trouvèrent transportées rapidement, et sans trop de fatigue, à leur destination.

En arrivant sur le haut d'une colline d'où l'on découvrait une grande partie de la vallée où était situé le domaine de M. Monteley, celui-ci fit arrêter la voiture pour faire contempler un instant à sa femme et à sa fille ce splendide paysage qui s'étendait à leurs pieds, et leur montrer de loin leur nouvelle résidence. Toutes deux poussèrent ensemble une exclamation de surprise. « Oh ! que c'est beau ! que c'est magnifique ! s'écria Julia.

— Hein ! qu'en dis-tu, ma fille ? reprit le père ; toi qui dessines passablement le paysage, tu auras, j'espère, de quoi exercer tes crayons.

— Je dis que c'est admirable, merveilleux, et que c'est à faire tout à la fois la joie et le désespoir des plus habiles artistes. »

Ce spectacle était bien fait pour justifier

l'admiration de Julia. Du point élevé où ils se trouvaient, le plateau, à droite et à gauche, et à perte de vue, s'abaissait tout à coup, tantôt en s'arrondissant en pentes douces, tantôt d'une manière abrupte, et laissant à découvert une muraille gigantesque de rochers, les uns à la cime dénudée, les autres couronnés de vieux châtaigniers ou de pins au noir feuillage. Au-dessous des rochers, et sur la pente plus douce des autres versants du plateau, commençaient les cultures les plus variées : ici des vignes, là des vergers, ailleurs des prairies artificielles, plus loin des bouquets de bois de hêtres et de chênes. La vallée elle-même offrait l'aspect d'une vaste et riche plaine couverte de prairies émaillées de fleurs, de champs de blé, de seigle, d'avoine, de colza, de luzerne, de maïs, formant une immense mosaïque aux mille couleurs. Au milieu de la vallée coulait une rivière dont les sinuosités étaient dessinées par les rangées de saules et de peupliers qui croissaient sur ses rives. Des fermes isolées, des hameaux étaient parsemés çà et là de la manière la plus pittoresque. Vers le centre de la vallée on apercevait une grosse bourgade bâtie en partie sur le penchant de l'un des coteaux, et en partie le long de la rivière, sur les bords de laquelle ses maisons blanches s'étendaient en files inégales. Au-dessus de la bourgade et sur le sommet de la colline se dressaient les ruines d'un vieux château féodal, ancienne demeure des seigneurs de la contrée ; à mi-côte, entre la bourgade et le vieux château, s'élevait une jolie maison moderne, dont on apercevait la principale façade de l'endroit où étaient arrêtés nos voyageurs. « Tenez, dit M. Monteley à sa femme et à sa fille, en dirigeant leurs regards sur ce point, voici notre nouvelle habitation. Je ne vous demanderai pas comment vous la trouvez, car il n'est guère possible d'en juger à cette distance ; je vous demanderai seulement si la situation vous en plaît.

— Il faudrait être bien difficile, répondit Mme Monteley, pour ne pas trouver cette position délicieuse ; plus j'examine cette contrée, plus je trouve qu'elle mérite à juste titre le nom de Beauvallon qu'on lui a donné.

— C'est très-vrai, reprit Julia; et jamais étymologie ne fut mieux justifiée; mais d'où vient que la bourgade principale a reçu le nom insignifiant de Laverny?

— Cela vient, reprit M. Monteley, de ce que les anciens seigneurs du pays, les sires de Laverny, ont bâti le vieux château dont tu vois les ruines, et lui ont imposé leur nom, ainsi qu'au village qui s'est construit plus tard sous les murs de la forteresse et en quelque sorte sous sa protection. Ces faits sont venus à ma connaissance lors de l'examen des vieux titres et cartulaires de la famille de Laverny, quand j'ai fait l'acquisition de ce domaine, provenant en entier des propriétés qui ont anciennement été dans cette famille.

— Oh! qu'il me tarde d'être arrivée! Mais nous le serons bientôt; car il ne doit pas y avoir plus de quatre kilomètres d'ici, n'est-ce pas, papa?

— Oui, ma fille, si nous pouvions effectuer le trajet à vol d'oiseau; mais, pour adoucir la pente de la route, on lui a fait faire de nombreuses sinuosités qui doublent au moins la distance à parcourir. Combien, demanda-t-il au cocher, qui avait mis pied à terre pour faire souffler ses chevaux pendant ce temps d'arrêt, combien mettrons-nous de temps pour arriver à Laverny?

— Autrefois, Monsieur, c'eût été l'affaire d'une petite heure ; mais maintenant la descente est tellement mauvaise, qu'on est obligé d'aller au pas, à moins de s'exposer à tout briser et peut-être à verser; il faut donc compter près d'une heure, rien que pour la descente; une fois arrivés en bas, la route est tout unie, et il ne nous faudra qu'une petite demi-heure pour gagner Laverny.

— Oh! mon ami, dit Mme Monteley, s'il y a des dangers, j'aime mieux faire la route à pied; ou même, quand il n'y en aurait pas, s'il faut être trop rudement cahoté, j'aime encore mieux marcher.

— Moi aussi! s'écria Julia, je ne demande pas mieux que de me dégourdir les jambes.

— Mais vous n'y pensez pas, reprit M. Monteley, la route, avec tous ses circuits, a au moins quatre kilomètres avant d'atteindre la plaine.

— Si ces dames veulent marcher, dit le cocher, il y a un moyen de tout arranger ; la route est fort longue et fort ennuyeuse à faire à pied ; mais il existe un sentier fréquenté par tous les piétons, qui abrége le chemin de plus de moitié. Il est facile et agréable à suivre ; cependant, pour ne pas vous exposer à vous tromper, je vais, si vous le voulez, appeler cette bergère que vous voyez assise au pied de cet ormeau ; elle ne demandera pas mieux que de vous servir de guide. C'est une brave et honnête fille, estimée et aimée de tout le pays, quoiqu'elle soit bien jeune encore. »

Mᵐᵉ Monteley y consentit ; aussitôt le conducteur appela la bergère en criant de toute sa force : « Ohé ! Geneviève ! ohé ! »

A cet appel la jeune bergère accourut. C'était une robuste jeune fille de dix-huit à dix-neuf ans, au teint hâlé par le grand air et le soleil, mais dont les traits offraient une régularité remarquable. L'ensemble de sa physionomie avait quelque chose de gracieux, et plaisait surtout par l'air de bonté qui y était répandu. Son costume était semblable à celui de toutes les paysannes du pays ; il ne s'en distinguait peut-être que par plus de simplicité et surtout de propreté ; son maintien, sa tenue, respiraient une grande modestie, sans cette gaucherie et cet embarras ordinaires aux villageoises en présence d'étrangers. Ajoutons qu'elle avait au côté gauche une quenouille maintenue dans le cordon de son tablier, et chargée de chanvre qu'elle filait à l'aide d'un fuseau que sa main droite faisait mouvoir avec agilité.

« Qu'y a-t-il pour votre service, monsieur André ? » dit-elle quand elle fut à portée de se faire entendre du cocher, et sans cesser de faire tourner son fuseau.

« Pourrais-tu conduire ces dames par le sentier du Petit-Bois jusqu'au pont d'Aval, où je les rejoindrai avec ma voiture ?

— Bien volontiers, » répondit la bergère.

Aussitôt tous les voyageurs mirent pied à terre ; Julia et Annette la femme de chambre descendirent les premières, puis M. et Mme Monteley. Celle-ci, après avoir en quelque sorte essayé ses jambes en faisant quelques pas, déclara qu'elle se sentait en état de marcher aussi longtemps qu'il serait nécessaire, pourvu toutefois que le chemin ne fût pas trop raboteux ; et en disant ces mots son regard interrogeait Geneviève.

« Ne craignez rien, Madame, reprit celle-ci, le chemin est partout comme vous le voyez ici ; — et elle montrait un sentier uni, à peine tracé au milieu d'un gazon fin et moelleux comme un tapis, — puis on descend toujours, ce qui le rend encore moins fatigant. »

Sur cette assurance, on se mit en route. M. Monteley donnait le bras à sa femme ; Julia, heureuse de fouler aux pieds ce frais gazon, courait çà et là avec Annette, cueillant de temps en temps les pâquerettes et les fleurs des champs qu'elles rencontraient sous leurs pas. Geneviève était restée à côté de M. et de Mme Monteley, et répondait à leurs questions, tout en continuant à filer.

« Vous êtes sans doute de ce pays ? lui demanda l'ancien notaire.

— Oui, Monsieur ; je suis la fille de Pierre Moreau, le fermier de la Joncherie.

— De la Joncherie, dites-vous ? Mais cette ferme ne fait-elle pas partie du domaine de Laverny ?

— Oui, Monsieur ; et si je ne me trompe, c'est vous qui êtes maintenant notre propriétaire ; car je me rappelle vous avoir vu chez nous quand vous êtes venu, il y a trois ans, visiter le domaine avant de l'acheter.

— Vous ne vous trompez pas, et je suis bien aise que la première personne que je rencontre en revenant dans ce pays soit la fille d'un de mes meilleurs fermiers, d'un homme dont j'ai entendu dire beaucoup de bien. Vous annoncerez mon arrivée à votre père, et vous lui direz que j'irai le voir un de ces jours.

— Mais, Monsieur, je pense que c'est à lui de vous prévenir, et je suis persuadée que dès qu'il saura que vous êtes au château on nommait toujours ainsi la maison de campagne qui servait d'habitation aux propriétaires du domaine de Laverny), il s'empressera d'aller vous présenter ses hommages.

— Non, non, je ne veux pas qu'il se dérange, dites-le-lui bien ; dans cette saison les travaux de la campagne réclament tous ses soins et tout son temps, et je ne prétends pas lui en faire perdre une minute. Dans quelques jours, quand nous serons tout à fait installés, j'irai faire une promenade dans tout le domaine ; je verrai votre père, soit à sa ferme, s'il s'y trouve quand j'y passerai, soit à l'endroit, n'importe lequel, où il sera occupé pour le moment.

— Comme il vous plaira, Monsieur ; en quelque endroit que mon père vous rencontre, il sera toujours heureux de vous voir. »

A cette réponse, le mari et la femme se regardèrent en souriant ; tous deux avaient compris que ce n'était point là un de ces compliments sans conséquence, comme on s'en adresse continuellement dans le monde, mais que c'était l'expression simple et naïve de sa pensée.

On était arrivé dans une espèce de clairière entourée de petits bouquets de bois semés çà et là ; huit belles vaches paissaient dans cet endroit, et, à leur vue, Julia, effrayée, se rapprocha de sa mère.

« Ne craignez rien, Mademoiselle, dit Geneviève, elles ne vous feront aucun mal. »

En même temps elle appela son chien, lui fit un signe accompagné d'un certain cri ; aussitôt l'animal s'élança en aboyant au-devant de chaque vache, et en un instant il les eut écartées du chemin par où devaient passer les voyageurs.

Après l'exécution de cette manœuvre, qui ne dura qu'un instant, M. Monteley reprit ses questions.

« Voilà de fort belles vaches, dit-il ; elles sont à votre père, sans doute ?

— Oui, Monsieur ; et il a de plus quatre paires de bœufs, qui sont employés en ce moment au labourage ; voilà pourquoi ils ne se trouvent pas en pâturage avec les vaches.

— Mais il me semble que la ferme de la Joncherie est bien éloignée d'ici : est-ce qu'il n'y a pas plus près de chez vous des prairies où vous pourriez faire paître vos bestiaux, sans les mener si loin ?

— Il n'y a que les prairies des bords de la rivière ; mais on les réserve pour la récolte du fourrage, et l'on n'y met paître les bestiaux qu'après la fauchaison ; en attendant, on les envoie dans les prés-bois ou prés maigres, comme ceux-ci, dont l'herbe est courte et d'excellente qualité dans cette saison, et qui plus tard, quand les grandes chaleurs viendront, sera entièrement desséchée.

— Effectivement, fit observer Mme Monteley, ces pâturages, qui abondent en herbes aromatiques, doivent être excellents, et les vaches qui s'en nourrissent doivent fournir un lait délicieux.

— Oh! maman, s'écria Julia, je voudrais bien boire souvent de ce bon lait, qui ne doit guère ressembler au lait frelaté qu'on nous vend à la ville.

— Rien n'est plus facile, dit Geneviève ; si

ces dames le désirent, je leur en porterai tous les matins au château, avant de conduire mes vaches aux champs.

— Ce n'est pas de refus, mon enfant, dit Mᵐᵉ Monteley, et vous pourrez commencer dès demain. Mais, dites-moi, est-ce que c'est toujours vous qui êtes chargée de mener paître les vaches ?

— Pas toujours ; nous avons deux filles de service, qui sont quelquefois chargées de cette besogne à tour de rôle ; mais dans ce moment-ci elles sont occupées à sarcler, et je suis obligée de garder les bestiaux.

— Cela doit bien vous ennuyer de passer ainsi des journées entières dans la solitude.

— Oh ! pour ça, Madame, je ne m'ennuie jamais. D'abord j'emporte de l'ouvrage, tantôt ma quenouille, tantôt un bas à tricoter ; je me donne une tâche, et cela m'occupe déjà une bonne partie de la journée ; puis, quand je suis fatiguée de filer ou de tricoter, je cueille de la petite centaurée, de la gentiane et autres plantes médicinales qui croissent ici en abondance, et que nous vendons aux herboristes de la ville ; de temps en temps aussi je lis pendant un quart d'heure, une demi-heure au plus, et la fin de la journée arrive ainsi sans que j'aie éprouvé un seul instant d'ennui.

— Ah ! vous savez lire ?

— Oui, Madame ; j'ai appris dès mon enfance à lire et à écrire.

— C'est une grande ressource contre l'ennui ; et y aurait-il de l'indiscrétion à vous demander quels livres vous lisez ?

— Aucune, Madame : je lis le Nouveau Testament, l'Histoire sainte, la Vie des saints, l'Imitation de Jésus-Christ, et quelques autres livres édifiants que me prêtent les sœurs de l'école.

— Mais ce ne sont là que des livres de piété, fort peu amusants à votre âge.

— Au contraire, Madame, ces livres m'intéressent beaucoup. Je les lis et les relis sans cesse, et toujours avec un nouveau plaisir. C'est comme le spectacle de la nature : chaque jour je le contemple du matin au soir ; toujours il me paraît nouveau, et jamais je ne me lasse de l'admirer, car j'y reconnais la main de Dieu. »

Ce langage frappa Mme Monteley. Son esprit supérieur comprit tout ce qu'il y avait de riches et précieuses qualités dans l'âme de cette modeste fille des champs, et combien, avec une éducation plus soignée et transportée sur un autre théâtre, elle eût obtenu de brillants succès. Après un instant de silence, répondant à ses pensées plutôt qu'aux paroles de Geneviève, elle lui dit : « C'est vraiment dommage, mon enfant, qu'avec les heureuses dispositions que vous montrez, vous soyez condamnée à rester dans l'humble condition où vous êtes placée : est-ce que vous ne seriez pas bien aise d'en sortir ?

— Et pourquoi, Madame, désirerais-je en sortir ? Fille de cultivateurs, je n'ai pas d'autre ambition que celle d'aider mes parents dans leurs travaux ; ils m'ont confié la tâche de soigner et de faire paître leurs bestiaux et leurs moutons ; ce travail est un des moins pénibles de la ferme ; en outre, il me laisse la liberté d'esprit nécessaire pour réfléchir, pour méditer, pour prier : que pourrais-je demander de plus ? Tout en gardant mes troupeaux, je repasse dans mon esprit la vie pastorale des patriarches, la touchante histoire de Joseph et de ses frères, David quittant la houlette de berger pour le sceptre d'Israël ; je me rappelle Jésus, notre Rédempteur, naissant dans une étable, et appelant des bergers pour lui rendre les premiers hommages, et tant d'autres récits des saintes Écritures, où la dignité de la vie de pasteur est si clairement indiquée. La plus belle condition est celle où l'on peut faire son salut ; et celle de bergère, à mon avis, en offre tous les moyens. Ma sainte patronne et d'autres bienheureuses ont comme moi gardé des troupeaux ; et quand je pense à ces vierges, je remercie Dieu de m'avoir donné, à moi pauvre fille, un état si honorable et où tant de pieux modèles nous ont tracé la voie à suivre. »

Mme Monteley continua encore quelque temps à s'entretenir avec Geneviève ; elle ne revenait pas de la rectitude de son jugement, de la sagacité de son esprit, et surtout de la vivacité de sa foi, qui se manifestait dans toutes ses paroles. Julia n'était pas moins surprise que sa mère ; elle écouta la jeune bergère avec étonnement d'abord, puis avec intérêt et une sorte de sympathie. Cependant elle ne comprenait pas toujours son langage, quoiqu'il fût en général correct et dégagé des locutions vicieuses de la province ; mais les sujets qu'elle traitait, mais les sentiments qu'elle exprimait, lui étaient peu familiers et par conséquent peu intelligibles. C'était toutefois comme un pays inconnu qui s'offrait inopinément à ses regards, qui l'attirait à son insu ; et dans lequel elle se sentait un vague désir de pénétrer.

On arriva bientôt au pont d'Aval, presque en même temps que la voiture, qui, débarrassée de ses voyageurs, avait parcouru beaucoup plus rapidement la descente, parce que le cocher ne craignait pas de les cahoter. Geneviève fit alors une profonde révérence pour prendre congé ; aussitôt M. Monteley lui mit dans la main une pièce de monnaie en lui disant : « N'oubliez pas de faire ma commission auprès de votre père.

— Monsieur, je n'y manquerai pas... Merci, Monsieur, » ajouta-t-elle en rougissant jusqu'au blanc des yeux, comme si elle eût eu honte de recevoir une gratification ; puis elle fit une nouvelle révérence, et remonta rapidement la colline pour rejoindre son troupeau.

« Voilà une fille bien extraordinaire, dit Mme Monteley en regardant Geneviève qui s'éloignait : la connaissez-vous ? demanda-t-elle au cocher pendant que celui-ci abaissait le marchepied de sa voiture pour faire monter ses voyageurs.

— Si je la connais, Geneviève, la fille au père Moreau ? Oh ! oui, Madame ; c'est bien la plus brave fille qui existe à plus de dix lieues à la ronde, sage, honnête, charitable surtout ; car elle n'a rien à elle, tout ce qu'elle possède est pour les pauvres, et je suis sûr qu'avant de se coucher, l'argent que Monsieur vient de lui donner aura été distribué à quelque nécessiteux du village ; avec ça qu'elle est savante comme un avocat, elle lit comme un maître d'école; elle écrit comme un notaire; et quand elle veut s'en mêler, elle prêche aussi bien, ma foi, que M. le curé.

— Mais où a-t-elle donc reçu cette instruction ?

— Elle a appris à lire chez les sœurs qui tiennent l'école; puis elle a été pendant un an ou deux chez une vieille dame très-religieuse qui passait pour une sainte, et qui lui a laissé en mourant un tas de livres qu'elle lit continuellement, même au milieu des champs.

— C'est vraiment dommage, dit M. Monteley à sa femme quand on fut remonté en voiture, que cette fille, qui ne manque ni d'esprit ni d'intelligence, ait reçu une fausse éducation, et ait été gâtée par les dévotes et les livres ascétiques, qui en ont fait une bigote exaltée.

— Vous avez raison, répondit Mme Monteley; mais avec les précieuses qualités que j'ai cru remarquer en elle, il serait facile de la guérir de ce travers, et de la ramener à des

2

idées plus saines et plus raisonnables. C'est une cure que j'entreprendrai peut-être, pour me distraire pendant mon séjour à la campagne. »

Tout en formant ce louable projet, on s'était remis en route, et au bout d'une demi-heure on arrivait au château de Laverny-en-Beauvallon.

CHAPITRE III

L'accompagnement improvisé.

Ce qu'on appelait maintenant le château de Laverny était une jolie maison de campagne dans le style Louis XV, construite quelques années avant la révolution de 1789, et qui avait remplacé un ancien manoir seigneurial, bâti après la destruction de la forteresse féodale et du donjon dont les ruines couronnaient encore le rocher voisin. On y arrivait par une belle avenue d'ormeaux séculaires, contemporains du vieux manoir; cette avenue conduisait à la porte principale, formée d'une grille de fer surmontée d'un écusson jadis blasonné aux armes des sires de Laverny; mais depuis longtemps ces armoiries avaient été effacées, et M. Monteley les avait fait remplacer par son chiffre, composé d'un *M* et d'un *L* entrelacés. Cette porte donnait entrée à une cour demi-circulaire, formant esplanade au-devant de la façade principale du bâtiment. Un tapis de gazon couvrait toute la cour, et était sillonné par des allées sablées qui conduisaient par une courbe gracieuse jusqu'au perron élevé au milieu de la façade. Les allées étaient bordées de plates-bandes remplies de fleurs de toute espèce, et au centre s'élevait une immense corbeille garnie à profusion des fleurs les plus belles et les plus rares.

Quant à l'habitation elle-même, elle était très-simple, mais d'une grâce à ravir un artiste, et d'une propreté à charmer un Hollandais. En la construisant, l'architecte, et le propriétaire qui l'avait dirigé, avaient évité partout le faste et les ornements qui l'eussent fait ressembler à un pastiche d'habitation princière : point de colonnades, point de sculptures recherchées, mais rien de mauvais goût ; toujours ils avaient rencontré non-seulement la simplicité et la grâce, mais quelque chose qui semblait harmoniser cette charmante demeure avec la ravissante campagne qu'elle dominait.

Depuis qu'il en avait fait l'acquisition, M. Monteley l'avait fait réparer à neuf, tant au dehors qu'à l'intérieur. Il l'avait garnie d'un mobilier élégant et propre, mais sans luxe et tout à fait en rapport avec l'habitation. Il avait apporté un soin particulier à l'arrangement des chambres de sa femme et de sa fille, s'attachant surtout à ce qu'elles retrouvassent à leur portée, et sous la main, les mêmes objets dont elles avaient l'habitude de se servir, et rangés dans le même ordre. Aussi l'une et l'autre furent charmées, en prenant possession de leurs chambres, de cette attention délicate. « Que papa est bon ! disait Julia à sa mère, je me retrouve ici comme dans ma chambre de la ville, sauf que celle-ci est plus grande et plus jolie, et qu'au lieu d'avoir pour horizon une vilaine muraille d'une cour obscure, j'ai une vue admirable sur la campagne. »

Lorsque, après avoir quitté leur toilette de voyage, elles descendirent pour dîner, ce furent de nouvelles exclamations en entrant dans la salle à manger, d'où l'on avait un point de vue non moins remarquable, quoique différent de celui du premier étage. Aussi, pendant tout le repas, Julia s'occupa plus de regarder que de manger.

Le dîner fini, M. Monteley conduisit sa femme et sa fille dans la maison, dont il leur fit parcourir tous les appartements. Elles s'extasiaient à la vue de ces jolies chambres, avec leurs fraîches tentures, leurs meubles simples et élégants, leurs blancs planchers de sapin, qui, lavés chaque semaine, semblaient, après de longues années, sortir des mains de l'ouvrier. On descendit ensuite au jardin; là d'autres surprises attendaient les nouvelles habitantes de ce charmant séjour. Il n'y avait pourtant ni rochers factices, ni grottes artistement fabriquées, ni cascades, ni jets d'eau organisés à grands frais, ni ces accidents de terrain ménagés avec art, et qui constituent ce qu'on appelle les jardins anglais. A quoi bon eût-on tenté de mettre les créations de l'art à côté des merveilles de ce paysage magnifique, œuvre du Créateur? C'était donc tout simplement un *jardin français,* avec son parterre, son verger, son potager. Mais ce que nos deux citadines ne pouvaient se lasser d'admirer, c'étaient les belles plates-bandes de fraises, les groseilliers chargés de leurs grappes rouges ou blanches, et les promesses que donnaient pour les mois suivants la prune, la pêche et l'abricot; c'était une charmille touffue et une longue allée de tilleuls terminée par une salle de verdure; c'étaient ces mille fleurs qui tapissaient le parterre, et s'épanouissaient jusque dans les fentes de vieux murs; et pour animer ce tableau, c'était un mélodieux concert de rossignols, qui, cachés dans les massifs, semblaient chanter la bienvenue des nouveaux hôtes de cette solitude.

Quand on fut arrivé au bout du jardin,

M. Monteley ouvrit une porte qui donnait sur la campagne. Une belle prairie, entrecoupée de bouquets de chênes et de frênes, descendait par une pente douce jusqu'au bas de la vallée, et se confondait avec les vastes prairies des bords de la rivière. Julia, si on l'eût laissée faire, aurait volontiers continué sa promenade et gagné un bois de sapins qu'on apercevait à quelque distance ; mais son père et surtout sa mère décidèrent que, vu l'heure avancée, cette promenade serait remise au lendemain.

En peu de temps, Mme Monteley s'habitua à son nouveau séjour, et le seul regret qu'elle éprouvait, c'était de ne pas y être venue plus tôt ; car elle voyait sa fille se fortifier, pour ainsi dire, de jour en jour, et elle-même sentait ses forces revenir peu à peu. Quant à Julia, elle ne s'était jamais trouvée si heureuse. Chaque matin, elle allait faire une longue promenade, tantôt avec son père, tantôt avec Annette ; le soir, elle se promenait après dîner avec sa mère. Ces exercices, joints à l'air pur et vif qu'elle respirait, lui donnaient un merveilleux appétit; aussi trouvait-elle délicieux tout ce qu'elle mangeait, et surtout le lait parfumé apporté régulièrement tous les matins par Geneviève, selon l'engagement qu'elle en avait pris avec Mme Monteley la première fois qu'elle l'avait rencontrée.

On n'avait pas oublié la jeune bergère, on en parlait même assez souvent; mais, comme elle venait apporter son lait de très-bonne heure et longtemps avant le lever des maîtres, plus d'une semaine s'écoula avant qu'il y eût une nouvelle rencontre entre elle et quelqu'un de la famille Monteley. Enfin, un jour, Julia, s'étant levée plus tôt que de coutume, sortit avec Annette pour faire sa promenade habituelle du matin. Elles dirigèrent leurs pas à travers la prairie, par un sentier qui conduisait au pont d'Aval. L'air était doux et frais, le ciel pur et serein; les fleurs répandaient les plus suaves parfums; l'abeille bourdonnait en butinant; le grillon caché sous l'herbe, faisait entendre continuellement son monotone *cri-cri*, et l'alouette s'élevait en chantant dans les airs. Ce spectacle ravissait Julia; il la jetait dans une douce rêverie, et lui rappelait les pensées que les beautés de la nature inspiraient à Geneviève, et qu'elle leur avait exprimées avec tant de chaleur lors de leur première rencontre.

Après vingt minutes de marche elles arrivèrent au pont d'Aval; car le chemin qu'elles avaient suivi était beaucoup plus court que la route. Julia, en se retrouvant au pied de la colline du haut de laquelle elle avait aperçu pour la première fois Beauvallon, eut l'idée d'aller jouir de nouveau de ce magnifique coup d'œil. Mlle Annette chercha à l'en détourner, en lui faisant observer que l'ascension de cette colline la fatiguerait beaucoup. Le fait est qu'elle craignait plus la fatigue pour elle-même que pour sa maîtresse. Julia tint peu compte des observations de sa femme de chambre, et lui répondit : « Bah! la montée n'est pas si rapide qu'il faille tant d'efforts pour la gravir; puis nous nous reposerons quand nous serons en haut; peut-être aussi rencontrerons-nous Geneviève, et je serais bien aise de lui souhaiter le bonjour et de lui faire compliment de son excellent lait. » En disant ces mots, elle s'élança gaiement en avant, et force fut à Mlle Annette de la suivre.

Lorsqu'elles furent arrivées à la clairière où paissait le troupeau de Geneviève la première fois qu'elles l'avaient rencontrée, Julia s'arrêta quelques instants pour voir si elle ne découvrirait pas quelques traces du troupeau et de la bergère ; mais un silence absolu régnait aux environs, et nul indice n'annonçait la présence de l'objet de ses recherches. Julia pensa que probablement Geneviève avait conduit son bétail de l'autre côté, et elle s'apprêtait à continuer son chemin, lorsqu'elle entendit tout à coup une voix pure et sonore qui chantait à peu de distance de l'endroit où elle se trouvait. Julia crut reconnaître la voix de la jeune bergère, et elle se dirigea aussitôt de ce côté. A mesure qu'elle approchait, les sons devenaient plus distincts, et bientôt elle parvint à comprendre les paroles. Julia était musicienne ; elle ne put s'empêcher d'admirer la fraîcheur et l'éclat de cet organe, et de penser combien il acquerrait de perfection s'il était dirigé par les règles et les leçons de l'art. Ne voulant pas l'interrompre en se présentant brusquement devant elle, elle s'arrêta, pour l'écouter, derrière un buisson touffu d'aubépine qui la séparait de la chanteuse. Voici quelques-unes des strophes qui frappèrent les oreilles de Julia :

    Je suis l'enfant de Marie,
      Et ma mère chérie
      Me bénit chaque jour.
    Je suis l'enfant de Marie :
C'est le cri de mon cœur ; c'est mon refrain d'amour.

    Qu'il est heureux, ô tendre mère,
    Celui qui t'a donné son cœur !
    Est-il un état sur la terre
    Qui puisse égaler son bonheur ?
      Je suis l'enfant de Marie, etc.

    Emblème de sa douce vie,
    Le lis grandit dans le vallon ;
    Jamais sa tige n'est flétrie
    Par le souffle de l'aquilon.
      Je suis, etc.

Et quand l'astre du jour dévore
La plaine de ses feux ardents,
Pour lui naissent à chaque aurore
Les plus belles fleurs du printemps.
 Je suis, etc..

. . . .

Que craindrait l'enfant de Marie?
Sa mère est la Reine des cieux,
Et du cœur humble qui la prie
Elle aime à bénir tous les vœux.
 Je suis, etc.

Ce cantique était chanté par la jeune bergère avec un élan si chaleureux, un accent si pénétrant, que l'on ne pouvait l'écouter sans ressentir cette émotion que cause toujours l'expression vive d'un sentiment vrai. C'est ce qu'éprouva Julia ; son attention n'avait d'abord été attirée que par les sons produits par le timbre de cette voix si fraîche et si mélodieuse ; mais bientôt son cœur se sentit ému et entraîné par le transport qui animait la chanteuse, et qui était comme le retentissement d'une prière fervente sortie du fond du cœur.

Dès que la bergère eut cessé de chanter, Julia fit le tour du buisson, et, s'approchant d'elle, elle lui dit en souriant : « Bonjour, ma chère Geneviève ; il y a longtemps que je désire vous voir ; mais, comme je suis trop paresseuse pour pouvoir vous rencontrer le matin quand vous apportez votre lait à la maison, il faut bien que je vienne vous trouver où vous êtes. »

Geneviève était assise sur un tronc d'arbre abattu, tenant d'une main sa fidèle quenouille, et de l'autre faisant mouvoir son agile fuseau, quand Julia, suivie de sa camériste, se présenta inopinément devant elle. Se levant aussitôt avec empressement, elle s'avança de quelques pas, et répondit au bonjour de Julia par une profonde révérence en disant : « C'est moi, Mademoiselle, qui aurais dû vous prévenir, mais je vous prie de m'excuser...

— Vous n'avez pas besoin d'excuse, interrompit Julia ; je sais que votre temps ne vous appartient pas ; c'est à moi, qui suis à peu près libre du mien, de vous chercher quand je désire vous voir. Eh bien, puisque je vous ai trouvée aujourd'hui, asseyons-nous et causons. » Et en disant ces mots elle prit place sur le tronc moussu qui servait de siége à Geneviève, et fit asseoir à chacun de ses côtés celle-ci et Annette. « Savez-vous, ma bonne Geneviève, reprit-elle ensuite, que vous avez une fort belle voix? Je vous écoutais depuis quelques instants avec le plus grand plaisir.

— Oh! Mademoiselle, je ne mérite pas le compliment que vous me faites; ce n'est pas ma voix qui est belle, c'est le cantique que je chantais qui est fort beau, et qui causait sans doute le plaisir que vous avez éprouvé: que serait-ce donc si vous l'entendiez chanter par la sœur Vincent, qui me l'a appris?

— Je ne sais pas si je le trouverais plus beau que dans votre bouche; en attendant, voulez-vous m'en répéter quelques couplets, je vais essayer d'en noter l'air, et je le jouerai sur mon piano. »

La jeune bergère ne se fit pas prier; elle répéta le cantique d'un bout à l'autre et même à plusieurs reprises, jusqu'à ce que Julia eût écrit sur son calepin les paroles et la musique. Cette opération terminée, Julia fit encore recommencer l'air par Geneviève ; mais cette fois elle l'accompagna d'une seconde partie improvisée. Mlle Monteley était bonne musicienne, et elle avait une belle voix de contralto, qui s'accordait admirablement avec la voix de soprano de la jeune paysanne. Ce fut au tour de celle-ci de s'extasier en entendant les accords harmonieux formés par son accompagnatrice. « Oh ! s'écria-t-elle, comme ma sœur Vincent serait contente si elle vous entendait chanter ainsi ! Oh ! quel bonheur si nous avions une chanteuse comme vous dans notre congrégation des enfants de Marie !

— Et qu'est-ce que c'est que cette congrégation ?

— C'est une association de jeunes filles qui se consacrent à la sainte Vierge, après leur première communion. J'en fais partie depuis plus de six ans : nous nous réunissons à toutes les fêtes de Marie, et tous les dimanches de ce mois, qui lui est consacré. Nous voudrions bien pouvoir nous réunir plus souvent, comme on fait dans les villes, où j'ai entendu dire que l'on célèbre chaque jour du mois de Marie; mais les travaux des champs, surtout dans cette saison, s'y opposent, et nous n'avons que les fêtes et les dimanches pour chanter les louanges de notre bonne mère. Nous tâchons de nous en dédommager autant que nous le pouvons et que nos occupations nous le permettent, en consacrant quelques instants de la journée à ce pieux devoir. Pour moi, la garde de mon troupeau me laissant plus de liberté que n'en ont la plupart de mes compagnes, je puis plus facilement qu'elles me livrer à ces exercices, et c'est précisément ce que je faisais lorsque vous êtes arrivée.

— En ce cas, nous sommes venues mal à propos vous interrompre.

— Non pas, Mademoiselle; votre bonne visite me fait trop d'honneur et de plaisir pour m'occasionner le moindre dérangement, et d'ailleurs j'ai bien le temps dans le reste de la journée d'achever les prières qui me restent à faire; et puis vous ne sauriez vous imaginer l'agréable surprise que vous m'avez occasionnée tout à l'heure en chantant avec moi comme vous l'avez fait. Je n'avais jamais eu l'idée d'une pareille harmonie, et je suis persuadée que non-seulement sœur Vincent, comme je vous le disais, mais que toutes mes compagnes seraient avides de vous entendre. Oh! si j'osais demander à Mademoiselle une faveur!

— Parlez, ma bonne Geneviève, reprit du ton le plus encourageant Julia; si cela dépend de moi, je n'ai rien à vous refuser.

— Si c'était pour moi, continua Geneviève avec plus d'assurance, je n'oserais jamais; mais c'est pour la sainte Vierge, c'est pour honorer sa fête, et cela me rend plus hardie.

— Voyons! de quoi s'agit-il?

— Le voici en peu de mots : c'est dimanche prochain la clôture du mois de Marie. Ce sera un grand jour de fête pour ses enfants; toutes nous faisons nos efforts pour contribuer à embellir cette solennité et la rendre plus digne de celle qui en est l'objet. Eh bien! je suis persuadée que si Mademoiselle voulait pour ce jour-là accompagner de sa voix, comme elle l'a fait tout à l'heure, quelques-uns des cantiques que nous chanterons au salut, cela donnerait plus de pompe à notre fête, et inspirerait à ceux qui entendraient nos chants plus de ferveur et de recueillement.

— Ce serait avec le plus grand plaisir, ma chère Geneviève, que j'acquiescerais à votre désir; mais j'y vois plusieurs obstacles : d'abord, je ne suis pas enfant de Marie.

— Comment! s'écria Geneviève avec une surprise douloureuse, est-ce que Mademoiselle n'est pas chrétienne?

— Pardon, je suis chrétienne, catholique, puisque j'ai été baptisée, que j'ai fait ma première communion et que j'ai reçu le sacrement de confirmation.

— En ce cas, Mademoiselle, vous êtes enfant de Marie; car c'est à vous comme à tous les chrétiens que Jésus-Christ, près de consommer son sacrifice sur la croix, a dit dans la personne de saint Jean, son disciple bien-aimé, en lui montrant la sainte Vierge : « Voilà votre mère, » et à celle-ci, en lui montrant saint Jean : « Femme, voilà votre

« fils. » C'est cette adoption divine qui donne à la qualité de chrétien sa plus haute dignité, puisqu'elle nous fait les enfants de la mère de Dieu, et les frères et sœurs de Jésus-Christ.

— Vous avez raison, dit Julia, qui, peu versée dans la science de la religion, se garda bien de contredire Geneviève. Sans doute dans ce sens-là je suis enfant de Marie; mais j'ai seulement voulu dire que je ne l'étais pas comme vous, c'est-à-dire que je ne faisais point partie de votre association.

— Et qu'importe? reprit vivement Geneviève; nous n'avons pas la prétention d'être les seuls enfants de Marie; si nous avons pris cette dénomination, c'est uniquement pour marquer d'une manière plus spéciale notre dévouement à notre divine mère; mais, comme je viens de vous le dire, vous l'êtes au même titre que nous, et si vous voulez vous joindre à nous pour célébrer ses louanges, nous vous accueillerons avec reconnaissance.

— Je le veux bien; seulement je vois encore deux petites difficultés à lever. La première, c'est que je ne connais aucun de vos cantiques, à l'exception de celui que vous venez de me chanter, et que je ne pourrais pas improviser une seconde partie sur des airs que j'entendrais pour la première fois.

— Je le comprends ; mais, si vous voulez, je vais vous chanter quelques-uns de nos autres cantiques dont vous pourrez écrire les airs, comme vous avez fait du premier.

— Ce serait peut-être un peu long pour aujourd'hui, remettons cela à demain ; d'ailleurs il faut que je prévienne maman ; car je ne saurais m'engager à chanter avec vous dimanche sans son consentement.

— Oh ! cela je le conçois très-bien ; mais je ne pense pas que madame votre mère fasse de difficulté quand elle saura qu'il s'agit d'honorer la sainte Vierge.

— Je ne le pense pas non plus ; c'est pour cela que je n'ai pas mis en première ligne cette condition, la plus importante de toutes ; cependant je ne puis vous faire de promesse formelle avant de l'avoir consultée. Du reste nous avons le temps ; c'est aujourd'hui mardi, ainsi nous avons quatre jours jusqu'à dimanche. Je viendrai tous les matins passer une heure ou deux avec vous ; nous nous exercerons ensemble, et je pense que dimanche je serai en état de faire ma partie.

— Merci, Mademoiselle, merci mille fois! Vous êtes réellement trop bonne; mais je ne veux pas vous donner la peine de venir si loin : demain, et tout le reste de la semaine, j'irai paître mon bétail à la Combe-au-Faisan, qui n'est qu'à un petit quart d'heure au plus du château. C'est un endroit fort joli : le connaissez-vous?

— Non ; mais j'en ai déjà entendu parler comme d'un lieu très-pittoresque, et je me proposais d'y aller au premier jour ; je suis bien aise de l'occasion que vous m'offrez de le visiter. Je m'y ferai conduire par la petite Louise, la fille du jardinier qui vous reçoit tous les matins quand vous apportez le lait au château ; si, comme je n'en doute pas, maman approuve nos projets, je chargerai Louise de vous en prévenir demain matin et de vous annoncer ma visite à la Combe-au-Faisan.

— Je ne sais, en vérité, Mademoiselle, comment vous remercier de tant de bonté; mais j'ai tort de m'attribuer un honneur dont je me reconnais indigne; c'est pour la sainte Vierge que vous voulez prendre tant de peine, et c'est elle qui vous remerciera dignement de ce que vous aurez fait pour elle. »

Ce vœu ou cette espérance de Geneviève n'occupait guère Julia, qui était loin du reste d'avoir les intentions que la bergère lui supposait; en acceptant l'offre de celle-ci, elle n'avait songé qu'à se donner une nouvelle distraction, dans laquelle la vanité trouvait son compte en faisant briller son talent musical devant les jeunes villageoises, qui n'en seraient pas moins émerveillées que ne venait de l'être Geneviève elle-même. Elle ne s'avisa pas, comme on le pense bien, de détromper celle-ci; elle se contenta de lui dire, en la quittant, avec un sourire gracieux : « A demain, comme je l'espère. »

CHAPITRE IV

La clôture du mois de Marie.

La population de Laverny, vouée tout entière à l'agriculture, habitant une vallée isolée en dehors des grandes routes, n'entretenant avec les grandes villes que de très-rares communications, gouvernée enfin successivement par des curés d'une piété profonde, était restée fermement attachée aux principes et aux pratiques de la religion. Parmi toutes ces familles chrétiennes, la famille de Pierre Moreau, le père de Geneviève, se distinguait par l'ardeur de sa foi et la ferveur de sa piété.

Ce fut pour notre jeune bergère une première grâce, et comme la mère de toutes les autres, que d'être née, que d'avoir grandi dans ce milieu chrétien. Elle s'habitua de bonne heure à voir dans le service de Dieu, non-seulement un devoir, son devoir à elle, mais le devoir par excellence, que tous respectaient, au-dessus duquel personne n'eût osé se placer, et qui pour chacun constituait la source de tous les autres devoirs et la clef de voûte de l'existence.

Une autre grâce que Dieu fit à Geneviève fut de lui faire rencontrer dès son enfance une protectrice, ou plutôt une bienfaitrice, qui lui fit faire de grands et rapides progrès dans la science de la religion et dans la piété. C'était une dame veuve, descendant de l'ancienne famille des Laverny, et qui, après la mort de son mari, avait quitté Paris et le monde pour venir finir ses jours dans le pays qui avait été le berceau de ses aïeux, « dans cette terre bénie, disait-elle, où n'avaient jamais pénétré ni le protestantisme, ni l'impiété philosophique du dernier siècle, ni l'indifférence de celui-ci, ni les modernes théories socialistes. »

La baronne de Valcourt (c'était le nom de cette dame) consacrait toute sa fortune à des œuvres de charité en faveur de son pays d'adoption. L'église, qui menaçait ruine, fut presque en entier reconstruite à ses frais; elle fit bâtir ensuite une école pour les garçons et une autre pour les filles; elle fit venir, pour diriger l'une, des frères des Écoles chrétiennes, et elle confia l'autre à des sœurs de Saint-Vincent-de-Paul, qui furent en même temps chargées de visiter les malades et les indigents, et de leur porter des secours. Tous ces établissements furent largement dotés par la baronne, qui, tout le temps qu'elle vécut, s'occupait elle-même de leur amélioration. Elle donnait surtout ses soins à l'école des petites filles, elle la visitait souvent, suivait avec intérêt les progrès des élèves, et distribuait avec équité les réprimandes et les encouragements. S'adressant en particulier aux maîtresses : « Mes sœurs, leur disait-elle souvent, c'est de l'éducation des femmes, trop longtemps négligée dans toutes les classes, que dépend la régénération sociale ; car ce sont elles qui, comme mères de famille, sont chargées de la première éducation de l'enfance, et c'est souvent des leçons et des principes que les enfants reçoivent, dans cet âge si tendre, de la bouche et de l'exemple d'une mère, que dépendra le sort de toute leur vie. Jamais, j'en ai la conviction, l'irréligion, avec le cortége de crimes et de désordres qui l'accompagnent, n'aurait fait autant de progrès dans le monde, si les enfants dès leur premier âge avaient appris de leur mère à connaître et à aimer la religion. »

Dans ses visites à l'école, elle ne tarda pas à remarquer Geneviève Moreau, qui lui fut signalée par les sœurs comme un de leurs meilleurs sujets sous tous les rapports. Mme de Valcourt suivit avec intérêt les progrès de la jeune fille : elle l'interrogeait souvent, la faisait venir chez elle les dimanches et les jours de congé. Bientôt elle découvrit en elle les plus heureuses dispositions, et elle voulut elle-même les cultiver ; non qu'elle eût l'intention, comme quelques personnes le supposaient, d'en faire une *demoiselle* et de l'élever au-dessus de sa condition ; loin de là, son idée était d'en faire avant tout une chrétienne instruite et fervente, afin qu'elle fût mieux pénétrée des devoirs de son état de simple fille de cultivateur, et plus tard de mère de famille, si Dieu l'appelait à l'état de mariage.

Quand Geneviève eut fait sa première communion, Mme de Valcourt la fit venir plus souvent auprès d'elle, sans cependant la déranger de ses occupations à la ferme, où elle aidait sa mère dans les travaux du ménage ; déjà aussi son père l'employait à la garde de ses troupeaux, soit de moutons, soit de gros bétail. Dans ces entretiens, Mme de Valcourt lui enseignait l'histoire sainte, lui développait et lui expliquait les principes et les doctrines de la religion, dont le catéchisme lui avait donné les premières notions. Elle lui faisait sentir l'importance de la prière, dont l'usage est indispensable pour exciter et entretenir la ferveur, et obtenir les grâces nécessaires à notre salut ; elle lui enseignait à prier ; elle lui montrait aussi comment on peut presque continuellement être en prière. « Ne croyez pas, lui disait-elle, qu'il faille pour cela prononcer une longue suite de paroles, ni se donner une grande contention d'esprit. Être en prière, c'est demander à Dieu que sa volonté se fasse, c'est former quelque bon désir, c'est élever son cœur à Dieu, c'est soupirer après les biens qu'il nous promet, c'est gémir à la vue de nos misères et des dangers où nous sommes de lui déplaire et de violer sa loi. Il ne faut pour cela qu'un instant de notre temps, et un bon mouvement de notre cœur. Il ne faut même qu'un retour du cœur d'un moment ; encore ce moment peut-il être employé à quelque autre chose. La condescendance de Dieu à notre faiblesse est si grande, qu'il nous permet de partager pour le besoin ce moment entre lui et les créatures. Oui, ma fille, dans ce moment, occupez-vous des diverses choses dont vous êtes chargée ; il suffit que vous offriez à Dieu, ou que vous fassiez, dans une intention de le glorifier, les choses les plus communes que vous êtes obligée de faire. C'est cette prière sans interruption que demande saint Paul ; par elle vous vous renouvelez souvent dans le désir de faire tout selon Dieu et pour Dieu.

« Il n'y a rien de gênant ni d'incommode dans cette loi de la prière, puisqu'elle se réduit tout entière à acquérir l'habitude d'agir librement dans une vie commune pour faire son salut et pour plaire au souverain Maître.

« Les gens du monde qui s'appliquent à leur fortune ne s'avisent jamais de se plaindre, comme d'une sujétion incommode, d'avoir à penser toujours à leur propre intérêt, et à chercher continuellement les moyens de parvenir ; loin de là, ils s'en font une habitude, et une habitude qu'ils aiment. Si donc vous êtes sensible au salut éternel et au bonheur d'être agréable à Dieu, vous ne sauriez regarder l'habitude d'agir pour lui et selon son esprit comme une habitude fâcheuse à contracter ; au contraire, cette habitude aura quelque chose qui vous consolera, qui vous animera, qui vous soulagera dans les peines et les tentations que vous aurez à surmonter... (1). »

Nous avons voulu, dans ce qui précède, donner à nos lecteurs une idée de la manière dont la baronne de Valcourt enseigna à Geneviève les principes et la pratique de la religion. La jeune fille écoutait avec avidité les leçons de sa maîtresse; elle tâchait d'en pénétrer son esprit et son cœur; elle les méditait pendant qu'elle gardait ses troupeaux, et, quand elle retournait auprès de sa protectrice, celle-ci était étonnée de la manière rapide dont se faisait le développement moral et intellectuel de cette âme d'élite.

Rien, en effet, n'est plus favorable à ce développement, pour une âme chrétienne, que la vie pastorale, vie contemplative et de méditation perpétuelle, et qui est comme une sorte d'état religieux, où, dans le sommeil des joies et des curiosités mondaines, l'âme peut s'élancer par la prière jusqu'au sommet de la perfection. Nous avons pu déjà juger, dans son

---

(1) Cette exhortation est extraite ou imitée de Fénelon.

premier entretien avec Mˡˡᵉ Monteley, combien la nature extérieure offrait un sujet fécond aux pieuses méditations de Geneviève, un aliment perpétuel à l'activité de son esprit; nous avons vu en même temps comment elle trouvait dans l'Écriture sainte des exemples qui relevaient à ses yeux sa simple condition de bergère. Ces dernières pensées ne lui étaient pas venues d'elle-même; c'était sa noble institutrice qui, désirant lui inspirer de l'attachement pour l'humble emploi qu'elle remplissait, avait ouvert à son esprit cette source féconde où elle puisait sans cesse des motifs d'aimer son état et d'alimenter sa piété. Une fois entrée dans cet ordre d'idées, elle y avança rapidement, et souvent elle étonna sa maîtresse par les rapprochements ingénieux qu'elle savait trouver. Nous en citerons un ou deux exemples.

Un soir qu'elle rendait compte à Mᵐᵉ de Valcourt de l'emploi de sa journée, elle lui dit : « Aujourd'hui mon père m'a chargée de garder ses moutons; pendant que j'étais au milieu des champs, une brebis s'est échappée;

j'ai eu bien de la peine à la rattraper et à la ramener au troupeau : eh bien ! Madame, cela m'a rappelé tout de suite Celui qui s'est nommé lui-même *le Bon Pasteur*, ses courses après la brebis égarée, qu'il prend sur ses épaules quand il l'a trouvée pour la ramener au bercail ; cela m'a fait ensuite penser à toute la grande famille des chrétiens, comparée à une seule bergerie conduite par un seul pasteur, et j'ai prié pour ceux qui ont eu le malheur de s'éloigner de ce divin bercail. Enfin j'ai médité longtemps sur les promesses faites à l'Église en la personne de Pierre, de pêcheur devenu premier pasteur, et à qui le divin Sauveur a dit : « Paissez mes agneaux ; paissez « mes brebis. »

Du reste, rien n'était simple comme la vie de Geneviève. Le matin, avant de partir pour les champs ou pour la montagne, elle entendait la messe ; souvent elle y recevait le pain eucharistique, et cette divine nourriture ajoutait pour toute la journée à la ferveur de ses prières et à la douceur de ses méditations. Le dimanche elle allait aux offices avec ses parents, et, le soir, elle lisait en famille quelque livre que Mme de Valcourt lui avait donné.

La mort de cette dame, arrivée près de trois ans après qu'elle s'était chargée de perfectionner l'éducation chrétienne de Geneviève, fut pour celle-ci une perte bien douloureuse, et le premier chagrin sérieux qu'elle eût éprouvé de sa vie. Sa seule consolation fut de penser que sa pieuse bienfaitrice avait dû trouver au sein de Dieu la récompense de ses vertus, et qu'après avoir fait tant de bien sur la terre elle priait maintenant dans le ciel pour ceux qu'elle avait si généreusement secourus de ses bienfaits, éclairés de ses leçons, édifiés de son exemple. Pour honorer sa mémoire, Geneviève se fit un devoir de prier chaque jour pour elle, puis de repasser dans son cœur les sages conseils qu'elle en avait reçus, et de s'appliquer avec une nouvelle ardeur à les mettre en pratique.

Elle continua donc sa vie pastorale en s'attachant de plus en plus à maintenir son âme dans la voie que lui avait tracée celle dont elle conservait un triste et pieux souvenir. Là ou d'autres n'eussent vu qu'une désolante monotonie, qu'une sorte de servitude, que la privation des plaisirs et des distractions du monde, que les belles années de la jeunesse s'écoulant tristement dans un labeur pénible, Geneviève, toute pénétrée de l'amour de Dieu, voyait et savourait une suite de consolations intérieures, auprès desquelles tout le reste pâlit et s'efface.

Trois ans s'étaient écoulés depuis la mort de Mme de Valcourt, pendant lesquels Geneviève avait continué cette vie de prière, de méditation et de paix que nous avons essayé de décrire, lorsque l'arrivée de la famille Monteley dans le pays vint jeter d'abord quelque variété dans l'uniformité de son existence, avant que des événements dont nous aurons à parler bientôt la modifiassent complétement.

Nous avons vu l'opinion que Mme Monteley s'était formée de Geneviève après sa rencontre avec cette jeune fille. Depuis son séjour à Laverny, l'éloge qu'elle en avait entendu sortir de toutes les bouches n'avait fait qu'ajouter à cette bonne opinion qu'elle avait conçue de prime abord. Aussi, quand Julia lui raconta sa visite à la jeune bergère, le sujet de leur entretien, et la prière qu'elle lui avait faite de chanter avec elle le dimanche suivant à la cérémonie du mois de Marie, non-seulement Mme Monteley ne fit pas la moindre objection, mais elle dit à sa fille que, si cela pouvait lui faire plaisir, elle en était pour sa part très-contente, et qu'elle se proposait d'assister à la cérémonie.

Julia, étonnée, regarda sa mère pour s'assurer si elle parlait sérieusement ; car elle qui, à la ville, se dispensait, sous le prétexte le plus futile, d'entendre la messe même le dimanche, qui jamais n'allait aux autres offices, vouloir assister au salut dans une église de village, c'était vraiment extraordinaire ; cependant l'air sérieux de sa mère la convainquit.

Mais elle n'était pas à bout de surprise. Son père, qui était présent à la conversation, dit tout à coup du ton le plus sérieux : « Tiens, mais moi aussi j'ai envie d'aller à cette cérémonie, seulement je désirerais y porter ma basse et accompagner vos chants. Crois-tu, petite, que cela souffrirait quelque difficulté? » Nous ferons observer que M. Monteley était excellent musicien, et un amateur de première force sur le violoncelle.

« Oh! petit père, tu ferais cela vraiment? s'écria Julia en l'embrassant.

— Et pourquoi pas? J'ai bien souvent fait ma partie dans des messes et des *Te Deum* en musique; est-ce que tu crois que je ne serais pas en état de vous accompagner convenablement? d'autant plus qu'il me semble qu'un second dessus formé par ta voix seule sera un accompagnement un peu maigre.

— Oh! quel bonheur! Geneviève sera-t-elle contente, quand je lui apprendrai cette bonne nouvelle! Mais si tu es décidé à nous accompagner, veux-tu essayer d'abord sur l'air que j'ai appris ce matin?

— Bien volontiers. » Et aussitôt M. Monteley prit son violoncelle, le mit d'accord, et, jetant un coup d'œil sur le calepin où Julia avait noté l'air du cantique que nous connais-

3

sons, il tira de son instrument de merveilleux accords, et de charmantes variations sur ce thème.

Julia n'avait vu dans ce consentement de ses parents, et surtout dans leur résolution d'assister à la cérémonie du mois de Marie, que le désir de se prêter à une distraction qui paraissait lui faire plaisir; ce motif était bien entré pour quelque chose dans la décision des deux époux; mais une autre raison l'avait surtout déterminée. M. Monteley connaissait depuis longtemps ce qu'il appelait le *fanatisme* des habitants de Laverny, c'est-à-dire leurs sentiments religieux, et leur respect pour tout ce qui tenait à la religion et à ses pratiques. En venant se fixer dans ce pays, il avait trop de tact pour vouloir heurter les idées de gens avec la plupart desquels il se trouvait en relation, et qui cesseraient d'avoir confiance en lui s'il faisait parade à leurs yeux de ses principes philosophiques et de son mépris pour la religion chrétienne, ainsi qu'il avait coutume de le faire dans son club, ou dans le cercle de quelques amis intimes.

Nous devons remarquer aussi que devant sa fille il se montrait d'une grande réserve à cet égard ; quant à sa femme, il n'avait nul motif de lui cacher ses sentiments, qui dans le fond étaient à peu de chose près partagés par elle. En conséquence, M. et Mme Monteley étaient convenus entre eux de se conformer, extérieurement du moins, aux usages du pays, et d'assister le dimanche aux offices de la paroisse, comme le faisaient les anciens propriétaires du château, dont le banc leur était réservé à l'église, et dont ils entendaient souvent citer la piété exemplaire.

Ajoutons que déjà, et toujours dans l'intention de donner satisfaction à l'opinion publique, ils étaient allés, dès les premiers jours de leur arrivée, faire une visite au vénérable ecclésiastique qui depuis plus de trente ans gouvernait la paroisse. Le bon curé, homme simple, pieux, et ne connaissant, avec la sainte Écriture et le catéchisme, d'autre science que la charité, était tout à fait étranger aux belles manières et au langage du monde ; il reçut de son mieux, et avec la plus grande cordialité, ses nouveaux paroissiens, qui l'accablèrent de compliments, tout en se moquant intérieurement de sa gaucherie et de son manque d'usage. Mme Monteley avait également visité les sœurs de Charité, et leur avait donné une somme assez forte, en disant : « Veuillez, mes sœurs, distribuer aux pauvres cet argent que je leur donne pour payer ma bienvenue dans ce pays ; plus tard, quand je les connaîtrai, je vous épargnerai cet embarras, car j'ai pour habitude de faire mes aumônes moi-même. » Ce langage n'était peut-être pas très-conforme à l'humilité qui distingue la charité chrétienne, mais les bonnes sœurs n'y regardèrent pas de si près ; elles n'y virent que l'acte de charité en lui-même ; elles remercièrent chaleureusement Mme Monteley, et l'assurèrent qu'elles la recommanderaient aux prières des pauvres, et qu'elles prieraient elles-mêmes pour elle et pour sa famille. C'était là précisément une recommandation que Mme Monteley avait oubliée.

Ces diverses démonstrations, et leur apparition le dimanche à la messe paroissiale, avaient produit une impression favorable sur l'esprit des habitants. Leur assistance à la célébration du mois de Marie, la part que prendraient à la cérémonie Julia et son père, achèveraient de leur gagner tous les suffrages.

Ce n'est pas sans dessein que nous nous servons de cette dernière expression ; en effet, en ce moment même, M. Monteley sollicitait les *suffrages* des électeurs de Beauvallon pour se faire nommer membre du conseil général du département. Un de ses concurrents, tout en rendant justice à sa haute capacité, à son intelligence des affaires, que lui avaient données vingt ans d'honorable exercice du notariat, l'avait signalé comme un voltairien, un anticatholique prononcé, et avait demandé aux électeurs si un tel homme était bien fait pour représenter une population essentiellement catholique. C'était donc encore pour combattre ces insinuations, capables de nuire à sa candidature, malgré l'appui que lui donnait l'administration, qu'il croyait nécessaire d'employer toutes les petites manœuvres dont nous venons de parler.

Sa franchise naturelle souffrait bien un peu de ces concessions qu'il faisait à l'opinion publique ; il s'en consolait en disant à sa femme dans l'intimité : « Allons, il faut se conformer aux habitudes du pays dans lequel on est résolu d'habiter, comme il faudrait en apprendre la langue si l'on y parlait une langue étrangère ; il faut paraître penser comme ceux au milieu desquels on doit vivre, puisqu'on ne peut pas les amener à penser comme soi ; c'est le seul moyen de vivre en paix avec tout le monde. » Puis après un instant de réflexion il ajoutait : « Après tout, il vaut mieux peut-être que ces gens-ci restent comme ils sont ; car, n'étant pas pénétrés des grands principes de la philosophie, ils ont besoin du frein de la religion pour se maintenir dans le devoir. » Ce raisonnement est malheureusement celui d'une foule d'esprits forts qui affirment avec un dédain superbe que la religion n'est bonne que pour les ignorants et pour le peuple. Les insensés ! c'est à peu près comme si, fermant les yeux à la lumière du soleil, ils disaient qu'elle n'est faite que pour le vulgaire, et non pour eux qui prétendent orgueilleusement être mieux éclairés par les pâles flambeaux que leur science leur a fait découvrir.

Julia n'avait donc aucun soupçon des motifs secrets qui faisaient agir ses parents, et c'est le cœur tout joyeux que le lendemain, de bonne heure, accompagnée d'Annette et conduite par la petite Louise, elle alla trouver Geneviève à la Combe-au-Faisan. Elle ne connaissait pas encore ce petit canton, quoiqu'il fût assez voisin du château, et qu'il fît partie du domaine appartenant à son père et des dépendances de la ferme de la Joncherie, tenue par le père de Geneviève. C'était un petit vallon, ou plutôt une gorge étroite creusée dans le flanc de la colline sur le haut de laquelle avait été construit le castel féodal, aujourd'hui en ruines; dans le haut cette coupure séparait, comme par un immense fossé naturel, la partie de la colline où avait été bâtie la forteresse du reste du plateau, et en faisait comme une espèce de cap avancé, de presqu'île rattachée à ce plateau par un passage étroit. C'était cette position toute particulière qui avait fait sans doute choisir ce lieu pour y élever un château fort. Dans le bas, du côté par où s'y rendit Julia, la Combe-au-Faisan présentait un aspect sévère, je dirais presque sauvage, et un contraste parfait avec les riants paysages de Beauvallon. Tout un des côtés du vallon, qui n'avait guère qu'un kilomètre de profondeur, était une suite de ces rochers à pic dont nous avons parlé et comme une immense muraille qui fermait le vallon de ce côté. Du haut de ces rochers s'élançaient plusieurs cascades qui, en se réunissant, formaient un ruisseau frais et limpide, lequel parcourait toute la longueur de la gorge avant d'aller déboucher dans la plaine et de se réunir à la rivière principale de la vallée ; mais ce ruisseau, en ce moment si paisible et si inoffensif, se changeait parfois, à la suite des fontes de neiges ou de violents orages, en un torrent impétueux, entraînant tout sur son passage. Le côté du vallon opposé aux rochers offrait une pente inégale, couverte d'un bois de sapins et de hêtres entremêlé de clairières où croissait une herbe fine et parfumée. C'était là que Geneviève avait conduit son troupeau, et que Julia vint la rejoindre.

La bergère apprit avec une grande joie la bonne nouvelle. « J'en avais le pressentiment, dit-elle ; j'ai tant prié la sainte Vierge pour que cela réussisse, que j'étais presque sûre du succès. Eh bien ! Mademoiselle, ajouta-t-elle ensuite, comment trouvez-vous cet endroit ?

— Je vous assure qu'il me plaît beaucoup ; ces bois, ces rochers, ces cascades en font un petit coin de terre vraiment délicieux.

— Je l'aime bien aussi, mais ce qui me le rend surtout agréable, c'est la profonde solitude dont on y jouit ; je l'appelle *ma Thébaïde*, et j'y ai souvent passé de bien douces heures de méditation. Seulement il est fâcheux que je ne puisse y venir aussi souvent que je le désirerais, parce que ce vallon est impraticable tout le temps que dure la fonte des neiges des montagnes, c'est-à-dire jusqu'à la fin d'avril et quelquefois jusqu'à la mi-mai ; puis encore en été, quand il survient un orage et que le ruisseau déborde, on ne saurait s'y hasarder sans s'exposer à perdre quelques-uns de ses bestiaux, et même à être emporté soi-même par le torrent. Mais, Dieu merci, nous sommes aujourd'hui, et pour longtemps, je l'espère, à l'abri des dangers de ce genre, et nous pouvons, sans crainte d'être dérangées, nous occuper du chant de nos cantiques. »

Elle conduisit ensuite Julia à l'entrée d'une petite grotte au fond de laquelle elle avait placé une statuette de la sainte Vierge qu'elle avait ornée de guirlandes de fleurs cueillies le matin. « Voilà, lui dit-elle, ma petite chapelle, et voici, ajouta-t-elle en montrant un tertre de gazon placé un peu en avant, mon prie-Dieu et le siége où je me repose habituellement. »

Elles s'assirent aussitôt sur ce tertre avec Annette ; la petite Louise se chargea de veiller sur le troupeau de Geneviève, et celle-ci s'empressa de montrer à Julia un recueil manuscrit de cinq ou six cantiques qu'elle devait chanter le dimanche suivant. Elle lui en apprit successivement les airs, que Julia nota comme elle avait fait du premier.

Au bout de trois jours, Julia était en état de faire la seconde partie de tous ces cantiques, et son père, à qui elle en avait communiqué la musique, avait composé sur chacun d'eux un fort bel accompagnement.

Le samedi soir, à la demande de M. Monteley, il y eut au château une répétition générale, à laquelle assistèrent la sœur Vincent et ses chanteuses. Le lendemain tout se passa admirablement à la cérémonie. Dans plusieurs passages, M. Monteley ne se contenta pas d'accompagner les chants de son instrument ; il y joignit aussi les accords de sa voix, qui était une excellente voix de ténor ; et les assistants, émerveillés, disaient entre eux en sortant : « Il n'est pas possible qu'un homme qui trouve dans son gosier de si beaux accents pour chanter les louanges de la Mère de Dieu soit, comme on nous l'a dit, un impie et un mécréant. »

Aussi, quinze jours après, aux élections, il eut toutes les voix de ces bons paysans, et il fut nommé membre du conseil général, à une grande majorité.

CHAPITRE V

Le torrent de la Combe-au-Faisan.

Les longues visites que, pendant quatre jours de suite, Julia avait faites à la Combe-au-Faisan, n'avaient pas été employées uniquement à apprendre les airs des cantiques que l'on devait chanter le dimanche suivant. Plus d'une fois Julia avait demandé à Geneviève l'explication de certains passages et d'expressions qu'elle ne comprenait pas. Celle-ci l'avait donnée avec empressement; puis les réponses avaient provoqué d'autres questions qui bientôt firent comprendre à la jeune bergère que Julia était d'une ignorance déplorable en matière de religion. Cette découverte la surprit autant qu'elle l'affligea ; car elle se sentait portée à aimer avec tendresse cette jeune demoiselle si belle, si douce, si bonne, et douée de tant de précieuses qualités. Quel dommage qu'elle ne soit pas éclairée des lumières de la religion ! se disait-elle souvent à elle-même ; et en même temps elle priait avec ferveur le bon Dieu de faire descendre un rayon de sa grâce sur une personne qui en était si digne.

De son côté, Julia se sentait entraînée vers Geneviève par une sorte d'attrait irrésistible. Cette jeune fille n'avait pourtant rien qui, au premier abord, parût devoir offrir quelque intérêt à une jeune personne du monde, instruite comme l'était Julia, et habituée à vivre dans une société dont le ton, le langage et les manières différaient tant de ceux de cette villageoise. Nous ferons remarquer, en effet, qu'en dehors de ce qui avait rapport à la religion, la fille du père Moreau n'était qu'une paysanne fort ignorante, douée seulement de beaucoup de bon sens et de raison, mais dénuée de grâces et de belles manières, et s'exprimant dans un langage vulgaire comme celui des autres paysannes de Laverny ; seulement, dès qu'elle parlait de Dieu, de la sainte Vierge, des saints, et de tout ce qui touche à la religion, à ses dogmes ou à ses pratiques, son langage s'épurait, ses expressions étaient choisies, abondantes, imagées ; ses gestes étaient sobres et nobles ; son visage s'animait ; ses yeux, levés vers le ciel, brillaient d'un exclat extraordinaire : ce n'était plus la même personne ; elle était en quelque sorte transfigurée.

C'était ce qu'avait remarqué Julia, et ce qui l'avait frappée dans ses premiers entretiens avec Geneviève. Ce que lui avait dit la bergère, à propos des explications qu'elle lui avait demandées sur les cantiques, avait fait une profonde impression sur son esprit. Elle résolut, après la clôture du mois de Marie, de continuer à la voir de temps en temps pour s'entretenir de nouveau avec elle sur un sujet qui l'avait si fort intéressée. Elle dirigea donc souvent ses promenades vers la Combe-au-Faisan ; et Geneviève, enchantée des dispositions qu'elle remarqua en elle, s'empressa de satisfaire un désir qu'elle regardait comme inspiré du ciel.

Dans les premières conversations qu'elles eurent ensemble, Geneviève lui rappela d'abord son catéchisme, qu'elle n'avait, je crois, jamais bien su, dont certes elle n'avait jamais pénétré l'esprit, et que Geneviève possédait à merveille ; elle lui en développa les principes d'après la méthode qu'avait suivie avec elle Mme de Valcourt, et dont elle avait si heureusement profité. D'autres fois elle lui racontait avec un charme indicible quelques-unes des belles histoires de l'Ancien Testament, ou bien des vies de saints dont son enfance et sa jeunesse avaient été bercées. Elle lui redisait quelques-unes des pensées qui nourrissaient son âme depuis plusieurs années, où, tout en gardant son troupeau, elle vivait, pour ainsi dire, seule à seule avec Dieu ; elle cherchait ainsi à lui donner une idée de la grandeur, de la puissance et de la bonté infinies de Dieu, et à lui apprendre à l'adorer et à l'aimer.

Sans doute la religion n'était pas absolument inconnue à Julia; elle en avait reçu, d'une oreille distraite, les enseignements élémentaires; elle savait quelques formules de prières qu'elle récitait du bout des lèvres; mais rien de tout cela n'avait pénétré dans son cœur; elle n'avait qu'une profonde indifférence pour ces formules, qui ne sauraient inspirer d'autre sentiment lorsqu'on borne là toute la religion. Quant au fond même de la religion, à l'amour de Dieu, à la piété vivifiant toute une vie, elle n'en avait jamais eu l'idée avant ses salutaires entretiens avec Geneviève.

Ces leçons, ou, pour mieux dire, ces causeries, avaient d'abord étonné Julia; puis elle les avait goûtées avec un plaisir réel : ses yeux semblaient s'ouvrir à une vie nouvelle, pleine d'attrait, et qui comblait le vide qu'elle éprouvait dans son cœur. Cependant elle ne parla pas encore à sa mère du changement qui s'opérait en elle; non qu'elle voulût lui en faire mystère ; mais elle ne sentait pas encore son esprit assez éclairé, ni son cœur assez ébranlé pour regarder elle-même ce changement comme étant complet. Elle ne voulait lui en faire part que quand elle se croirait suffisamment affermie dans sa foi pour pouvoir la soutenir avec succès. Du reste, elle ne craignait pas une opposition sérieuse de la part de sa mère, dont elle connaissait l'indifférence en matière de religion ; elle ne craignait que ses railleries.

Pendant près de trois semaines, les entrevues de Julia et de Geneviève avaient eu lieu presque chaque jour sans interruption. Mais vers ce temps le père Moreau employa sa fille aux travaux de la fenaison, tandis que ses bestiaux paissaient dans les prés nouvellement fauchés. Les nouvelles occupations de Geneviève suspendirent ses entretiens avec Julia, à la grande contrariété de celle-ci, qui ne trouva d'autre moyen de s'en dédommager que de continuer ses promenades à la Combe-au-Faisan. Du reste, depuis que les grandes chaleurs commençaient à se faire sentir, c'était l'endroit le plus frais qu'il y eût aux environs. Là elle méditait, dans la solitude, les paroles et les instructions de *sa catéchiste*; elle lisait quelques-uns des livres qu'elle lui avait prêtés, et qui venaient de Mme de Valcourt ; puis elle ne manquait jamais de faire une courte prière à la chapelle rustique ornée par Geneviève, et où se trouvait encore la statuette de la Vierge, dont elle renouvelait les fleurs à chacune de ses visites.

Un jour que la chaleur était accablante, Julia prolongea sa station à la Combe-au-Faisan plus longtemps que d'habitude. Elle y était allée seule, comme cela lui arrivait assez souvent lorsque Annette avait quelque ouvrage à la maison. Julia s'était assise sur le tertre situé au-devant de la grotte; elle lut pendant quelque temps ; puis, accablée de chaleur, elle finit par s'endormir. Son sommeil durait depuis environ un quart d'heure, quand il fut interrompu par un violent coup de tonnerre; réveillée en sursaut, elle se leva tout à coup, et s'aperçut qu'un nuage noir semblait couvrir en entier la Combe-au-Faisan. Elle avait ramassé son livre et son ombrelle, et s'apprêtait à partir, quand un éclair éblouissant fendit le nuage en zigzag, et fut suivi presque instantanément d'un coup de tonnerre plus violent que le premier ; au même instant une pluie torrentielle, mêlée de grêle, commença à tomber. Elle n'eut que le temps de se réfugier dans la petite grotte-chapelle que nous connaissons ; là, se trouvant en sûreté, elle attendait patiemment la fin de l'orage, qui, pensait-elle, serait de courte durée, comme c'est l'ordinaire en cette saison. Mais l'orage dura plus d'une heure, et toujours accompagné d'une pluie diluvienne. Enfin le tonnerre cessa de gronder et la pluie de tomber ; le ciel se rasséréna, et une fraîcheur agréable succéda à une chaleur insupportable.

Julia voulut ensuite reprendre le chemin du château, où l'on devait être inquiet d'elle ; mais à peine eut-elle fait quelques pas hors de la grotte, que ses yeux furent frappés d'un spectacle surprenant.

Du flanc des rochers qui formaient tout le côté du vallon qui lui était opposé, s'élançaient des milliers de petites cascades et des jets d'eau plus ou moins volumineux qui se précipitaient au fond de la vallée, tandis que les deux ou trois cascades principales, dont l'aspect était si pittoresque en temps ordinaire, étaient devenues de véritables cataractes qui tombaient avec un horrible fracas. De tous côtés on ne voyait que des ruisseaux descendant du flanc des collines dans la partie basse du vallon ; car la Combe-au-Faisan était comme un vaste entonnoir dans lequel s'engouffraient les eaux d'une partie du plateau supérieur.

En toute autre circonstance, ce spectacle eût vivement intéressé Julia ; mais la pensée que cette masse d'eau arrivant de toutes parts allait grossir le ruisseau qu'elle avait à traverser pour s'en retourner, et peut-être lui barrer le passage, ne lui permit pas de songer à autre chose qu'à regagner promptement le chemin du château. En quelques minutes elle arriva au bord du ruisseau, à un endroit où il n'avait ordinairement que quelques centimètres de profondeur, et d'où elle avait l'habitude de le passer sur des pierres plates placées de distance en distance, et qui s'élevaient un peu au-dessus du niveau de l'eau. Mais déjà l'eau couvrait ces pierres, et le lit du ruisseau se remplissait et grossissait à vue d'œil. Impossible de tenter le passage à moins d'un puissant secours. Elle appela plusieurs fois à grands cris; mais sa voix se perdait dans le bruit sourd des eaux qui grondaient dans les profondeurs de la vallée.

Cependant des flots jaunâtres et écumeux se succédaient sans relâche et envahissaient déjà l'endroit où elle s'était arrêtée. Elle voulut retourner sur ses pas et regagner la grotte, où elle serait en sûreté contre le débordement des eaux; mais quel fut son effroi en s'apercevant qu'un terrain déprimé qu'il fallait traverser pour atteindre la colline, et qu'elle venait, il n'y avait qu'un instant, de passer à pied sec, avait été envahi par les eaux pendant le peu de temps qu'elle était restée sur le bord du ruisseau. Ainsi pas moyen d'aller ni en avant ni en arrière ; elle se trouvait renfermée dans une espèce d'île, qui allait toujours se rétrécissant, et qui ne tarderait pas elle-même à être envahie par le torrent. On comprend toute l'horreur de cette situation. La pauvre enfant se désespérait ; puis, tout à coup se rappelant ce que lui avait dit si souvent Geneviève de la protection que la sainte Vierge accorde à ceux qui l'invoquent dans les dangers, elle se mit à la prier avec ferveur, les yeux tournés vers le petit oratoire rustique de la colline. Au même instant elle aperçut Geneviève qui descendait de ce côté par un sentier abrupt, et qui s'avançait rapidement vers elle. Julia voulait aller à sa rencontre ; mais la bergère lui fit signe de rester où elle était.

Dans ce même moment, de grands cris se firent entendre derrière elle : elle se retourna, et aperçut de l'autre côté du torrent, — car nous pouvons maintenant donner ce nom au ruisseau, — son père, accompagné du jardinier et du père Moreau. Tous trois étaient à cheval, et cherchaient un gué pour parvenir jusqu'à elle; mais, après plusieurs tentatives inutiles, ils furent obligés d'y renoncer, sous peine d'être entraînés, eux et leurs chevaux, par le courant, devenu d'une rapidité effrayante.

M. Monteley se livrait au plus violent désespoir; il voyait d'un instant à l'autre le torrent grossir, et bientôt près d'atteindre sa fille, de l'engloutir sous ses yeux, sans qu'il lui fût possible de lui porter secours. Tout à coup le père Moreau s'écrie : « Dieu soit loué, Monsieur, votre fille est sauvée ! » Et en même temps il lui montrait de l'autre côté du vallon Geneviève qui accourait au secours de Julia. « La *petiote* (1) a eu une fameuse idée, poursuivit-il : elle a passé par le sentier des Échelettes ; c'était le seul moyen de parvenir auprès de Mlle votre fille. »

M. Monteley, rendu à l'espérance par ces paroles du père Moreau, suivait avec anxiété

---

(1) *Petiot*, *petiote*, expressions familières usitées dans certaines provinces pour désigner un petit garçon et une petite fille, et que par habitude et par amitié les parents donnent souvent encore à leurs enfants devenus grands.

tous les mouvements de Geneviève, en même temps que les progrès rapides de l'inondation.

« Ah! mon Dieu! s'écria-t-il tout à coup avec une douleur poignante, jamais votre fille ne pourra traverser l'étendue d'eau qui la sépare de la mienne, et qui est presque aussi large que celle qui nous en sépare nous-mêmes.

— Rassurez-vous, Monsieur, l'eau de ce côté est bien moins profonde et moins rapide que par ici, où se trouve le lit principal du torrent; il est vrai que dans dix minutes, un quart d'heure au plus, ce passage sera aussi impraticable que celui-ci; mais d'ici là j'espère que Geneviève aura réussi dans son entreprise!... Allons! hardi, petiote! courage, ma fille! » cria-t-il de toutes ses forces à Geneviève, qu'il voyait s'apprêter à entrer dans l'eau. La jeune bergère reconnut la voix de son père, et, quoique la distance et le bruit du torrent ne lui permissent pas de distinguer les paroles, elle comprit que c'était un encouragement qu'il lui adressait. Elle lui fit en souriant un geste de la tête et de la main,

3*

pour lui donner à entendre qu'elle avait saisi sa pensée ; puis elle se signa, leva les yeux au ciel comme pour adresser à Dieu une courte invocation, et elle entra résolûment dans le courant, qui commençait à acquérir une certaine rapidité.

En un instant elle fut auprès de Julia. Il était temps : déjà l'eau gagnait l'étroit espace sur lequel elle s'était réfugiée ; de temps en temps les flots couvraient ses pieds, puis se retiraient encore pour revenir plus fort. « C'est Dieu qui vous envoie ! s'écria-t-elle, sans vous j'étais perdue ! — Priez toujours, et ayez confiance, » répondit Geneviève. Et en disant ces mots la robuste fille des champs, sans perdre une seconde, enlevant dans ses bras la jeune personne comme elle eût fait d'un enfant, reprit en toute hâte le chemin qu'elle venait de parcourir. Mais le trajet était devenu plus difficile, par suite du fardeau qui l'embarrassait et gênait ses mouvements, et par la force toujours croissante du courant. Elle n'avançait qu'avec précaution et en affermissant chacun de ses pas.

Sur l'autre rive, les deux pères, témoins de la position critique de leurs enfants, étaient en proie à une vive anxiété. M. Monteley surtout éprouvait une angoisse indicible; la sueur coulait de son front; sa respiration était haletante. Il voulait crier pour encourager Geneviève; le père Moreau l'en empêcha. « Pour Dieu, Monsieur, ne criez pas, lui dit-il; la petiote n'a pas besoin d'encouragement, nos cris ne pourraient que la troubler; laissez-la faire, elle est prudente et adroite, et elle s'en tirera, ou bien personne ne pourrait s'en tirer à sa place... Ah! mon Dieu! que vois-je? s'écria-t-il en s'interrompant tout à coup, voici la débâcle... Hélas! il ne nous reste plus qu'à prier Dieu, lui seul peut sauver nos enfants. » Et en disant ces mots le père Moreau s'agenouilla, et se mit à prier avec ferveur.

M. Monteley, sans demander l'explication, comprit ce que le père Moreau appelait la débâcle : c'étaient des branches d'arbres brisés, des arbres entiers déracinés que le torrent entraînait avec lui. Un grand nombre de ces débris descendait du côté des jeunes filles, et si malheureusement l'un d'eux venait à les heurter, il les renverserait infailliblement, et les roulerait dans l'abîme. Ce péril semblait imminent; car en ce moment on voyait un arbre très-grand, avec toutes ses branches, descendre dans le courant même où se trouvaient engagées les jeunes filles; il semblait impossible que Geneviève, qui n'avançait que lentement et avec précaution, pût atteindre le rivage avant de recevoir le choc menaçant de cet arbre. La bergère avait vu le danger en même temps que son père; comme lui elle s'était recommandée à Dieu, qui seul pouvait la secourir; mais elle s'était bien gardée d'avertir Julia, de peur de l'effrayer, et, tout en continuant sa prière mentale, elle n'avait pas cessé de redoubler d'efforts pour atteindre le bord. Malheureusement le courant augmentait de rapidité, et l'arbre fatal n'avait plus que dix mètres à peine à franchir.

« O mon Dieu! dit-elle dans un dernier élan de son âme, je vous offre le sacrifice de ma vie; prenez-moi dans votre miséricorde, mais sauvez cette jeune personne, qui n'a pas encore assez appris à vous connaître et à vous aimer. »

A peine avait-elle formulé cette prière dans son cœur, que la tête de l'arbre redoutable fut arrêtée par quelque obstacle, peut-être par le peu de profondeur de l'eau; le tronc se tourna alors en travers du torrent, dont il occupait presque toute la largeur, et fut arrêté dans cette position par un vieux saule du rivage, dont la tête, battue par les flots, paraissait et disparaissait alternativement au-dessus du niveau des eaux. Une grande quantité de bois, de branches, d'herbages, entraînés par le torrent, en rencontrant cet obstacle s'arrêtèrent, et en s'accumulant formèrent un barrage improvisé qui atténua pour un instant la violence du courant.

Cet événement si heureux n'échappa point à Geneviève : « Merci, mon Dieu, dit-elle cette fois à haute voix, vous nous envoyez le salut par ce qui devait causer notre perte. » Et, redoublant d'efforts, elle s'avança plus vite en sentant diminuer la rapidité du courant, et atteignit enfin le pied de la colline, où elle déposa son fardeau quand elle se vit tout à fait hors de danger.

Son premier mouvement en arrivant à terre fut de se jeter à genoux pour remercier Dieu de la faveur inespérée qu'il venait de lui accorder. Julia en fit autant, sans cependant s'être bien rendu compte du danger qu'elle avait couru. Au même instant elles entendirent les applaudissements et les cris de joie poussés sur la rive opposée par leurs pères, et par plusieurs paysans du voisinage, qui avaient été spectateurs de cette scène émouvante.

À peine les cris de joie d'un côté et les actions de grâce de l'autre s'étaient-ils élevés vers le ciel, que l'arbre qui avait si miraculeusement sauvé Geneviève et Julia, cédant à la double pression des flots et des objets qui s'accumulaient derrière lui, fléchit soudainement, et le torrent reprit sa marche, un instant suspendue, avec une fureur plus impétueuse et plus irrésistible que jamais. Deux minutes plus tôt, et les deux jeunes filles eussent été fatalement entraînées, sans qu'aucune force humaine eût pu s'opposer à leur perte.

M. Monteley frémit en voyant à quel danger sa fille venait d'échapper; tendant la main à son fermier, il lui dit d'une voix profondément émue : « Père Moreau, votre fille vient de sauver la mienne; c'est un de ces services qui ne s'oublient jamais, et que toute une fortune ne saurait payer...; le cœur seul peut acquitter de pareilles dettes, et croyez que le mien conservera une reconnaissance égale au service qu'elle vient de nous rendre... » Puis, serrant la main du paysan avec effusion, il ajouta : « Père Moreau, c'est désormais entre nous à la vie et à la mort.

— Merci, Monsieur, de vos bonnes paroles, reprit le fermier; mais ne parlez pas de dettes de reconnaissance; ma fille a fait son devoir, voilà tout; nous n'avons de grâces à rendre qu'à Dieu, qui a daigné bénir ses efforts... Maintenant, ajouta-t-il, il faut songer à aller les chercher ; car le passage du ruisseau ne sera pas praticable avant dix à douze heures d'ici.

— Et par où pourrons-nous les rejoindre ?

— Nous les retrouverons sur le haut du plateau ; elles y monteront par le chemin des Échelettes, par où est descendue Geneviève ; seulement comme ce chemin est très-difficile pour ceux qui n'y sont pas habitués, je vais envoyer deux de mes ouvrières, qui, avec ma fille, aideront Mlle Julia à monter. Quand elles seront arrivées en haut, nous placerons Mademoiselle sur un cheval pour la ramener au château. »

Aussitôt arrondissant ses deux mains autour de sa bouche pour en faire un porte-voix, il appela sa fille et lui fit comprendre, tant par gestes que par les paroles qu'il put lui faire entendre, la décision qui venait d'être prise ; puis M. Monteley, le père Moreau et le jardinier gagnèrent au trot la route du vieux château, qui devait les conduire en haut du plateau, d'où, en contournant la Combe-au-Faisan, ils arriveraient à l'entrée du chemin des Échelettes.

Geneviève avait parfaitement compris son père, et s'apprêta à exécuter ses ordres; mais, comme elle savait qu'un certain temps s'écoulerait avant l'arrivée des filles qui devaient aider l'ascension des Échelettes, elle proposa à Julie de se rendre à la grotte, où elles pourraient se reposer, tout en remerciant la sainte Vierge des secours qu'elle venait de leur accorder. Julia ne demandait pas mieux; elle raconta à Geneviève qu'au moment où elle allait s'abandonner au désespoir, l'idée lui était venue de prier la sainte Vierge, et qu'aussitôt, comme si elle eût été exaucée, elle avait aperçu Geneviève elle-même accourant à son secours.

« Oh! oui, Mademoiselle, reprit Geneviève, profondément émue, soyez persuadée que, dans tout ce qui vient de nous arriver, nous avons été miraculeusement sauvées par la protection de Dieu et l'intercession de sa divine mère. C'est pourquoi allons leur rendre nos actions de grâces, et implorer de nouveau leur appui et leur bénédiction. »

Toutes deux s'agenouillèrent auprès de la chapelle rustique, et prièrent longtemps avec ferveur; puis elles s'assirent sur le tertre que nous connaissons, et causèrent des événements de la journée, jusqu'à l'arrivée des filles de service envoyées à leur rencontre.

Le chemin des Échelettes était ainsi nommé parce qu'en plusieurs endroits il était si escarpé, que pour franchir ces passages on avait été obligé d'établir de petites échelles. Dans d'autres endroits il était si glissant, surtout après la pluie, qu'une personne qui n'y était pas habituée n'aurait pu monter sans aide; c'est pour cela que le père Moreau avait envoyé des filles du pays au-devant de Julia et de Geneviève; car il craignait que sa fille, fatiguée comme elle devait l'être, ne pût soutenir sa compagne et qu'elle n'eût besoin d'aide elle-même. Grâce à ces précautions, la montée des Échelettes s'effectua sans trop de difficultés, et bientôt M. Monteley put serrer dans ses bras son enfant, qu'il avait un instant désespéré de revoir vivante.

Une heure après, on arrivait au château. Mme Monteley, qui avait été instruite par Annette de tout ce qui était arrivé, courut à la rencontre de sa fille et de sa libératrice, et les combla l'une et l'autre de caresses.

CHAPITRE I

Une prophétie accomplie.

Quelques instants après son arrivée au château, Julia se sentit souffrante et fut obligée de se mettre au lit. Sa constitution délicate n'avait pu résister aux diverses commotions de cette terrible journée, et surtout au passage subit du chaud au froid, quand, après une course rapide pour gagner le bord du ruisseau, elle s'était vue forcée de rester immobile, et bientôt d'avoir les pieds baignés par l'eau froide du torrent. Après un sommeil agité, elle s'éveilla avec un grand mal de tête et des douleurs dans tous les membres. Le médecin appelé reconnut bientôt tous les symptômes d'une violente pleurésie.

Le mal fit des progrès rapides ; mais il fut énergiquement combattu, non-seulement par les prescriptions du docteur, mais surtout par les soins que prodiguaient à la malade sa mère et Geneviève. Celle-ci, dès le premier jour, s'était offerte pour veiller Julia, et la pauvre enfant avait été si contente des attentions délicates de la bergère, qu'elle n'avait plus voulu d'autre garde-malade. Pendant les longues heures qu'elles passaient ensemble, Geneviève revenait souvent sur les entretiens qu'elles avaient eus à la Combe-au-Faisan ; Julia aimait à l'entendre parler de Dieu, du bonheur que l'on goûte à le servir, à endurer pour lui les souffrances et les maladies qu'il nous envoie, à les lui offrir en expiation de nos fautes. Ces douces consolations pénétraient son cœur comme un baume bienfaisant. Enfin, un jour elle déclara à Geneviève qu'elle désirait se confesser et recevoir la sainte eucharistie, mais qu'elle n'osait en parler à sa mère, de crainte de l'effrayer.

« Je m'en chargerai, » répondit Geneviève, heureuse de cette détermination de celle qu'elle appelait sa jeune néophyte ; et aussitôt elle courut faire part à Mme Montéley du désir de sa fille. « O mon Dieu ! s'écria la mère, croyez-vous mon enfant plus malade, que vous jugez nécessaire de lui administrer les derniers sacrements ?

— Non, Madame, Mademoiselle n'est pas plus mal aujourd'hui qu'elle n'était hier ; ce n'est pas moi qui juge nécessaire qu'elle se confesse et qu'elle communie, c'est elle qui en témoigne le désir, comme j'ai eu l'honneur de vous le dire. »

Mme Montéley courut aussitôt dans la chambre de sa fille. Celle-ci lui confirma ce que venait de lui dire Geneviève. « Mais, mon enfant, dit la mère, pourquoi t'alarmer ainsi ? tu te crois donc bien malade ? Rassure-toi ; le médecin m'a encore affirmé tout à l'heure que, s'il ne survenait aucune complication, il répondait de ta guérison.

— Mais, maman, je ne m'alarme pas du

tout : si je désire recevoir les sacrements, ce n'est pas du tout que je me croie plus malade que je ne le suis réellement. Je le désire, au contraire, parce que j'ai la conviction qu'ils hâteront ma guérison, en rendant à mon âme le calme et la tranquillité dont elle a besoin ; ainsi, ma bonne petite maman, je t'en prie, ne me contrarie pas à ce sujet ; c'est cela qui me rendrait plus malade. »

M°³⁰ Monteley n'insista pas, comme on le pense bien ; seulement elle voulut en prévenir son mari, craignant de trouver de sa part quelque opposition à un projet si contraire à sa manière de voir. Mais, à son grand étonnement, M. Monteley ne fit aucune objection : au contraire, il déclara formellement qu'il ne fallait pas différer un instant de satisfaire au désir de sa fille. Cet empressement étonnera peut-être de la part d'un sceptique, d'un incrédule comme M. Monteley ; mais ce qui étonnera plus encore, c'est que cette fois il agissait avec sincérité, et non point pour faire parade aux yeux des habitants du pays d'une croyance qu'il ne partageait pas. Il ne faut pas toutefois conclure de là que l'ancien notaire avait ouvert les yeux à la foi : non, il était loin encore d'être un croyant; mais il ne se serait plus permis, même dans l'intimité, ces railleries, ces sarcasmes qu'il lançait autrefois contre la religion et ses pratiques. Ce changement s'était opéré en lui le jour où il avait failli voir périr sa fille dans le torrent de la Combe-au-Faisan. Il avait toujours ce spectacle devant les yeux, et surtout l'instant suprême où le père Moreau s'était écrié : « Il ne nous reste plus qu'à prier Dieu; lui seul peut sauver nos enfants! » Il croyait voir encore ce vieillard priant avec une noble confiance, les yeux levés au ciel, d'où il attendait son seul secours. Dans le même moment, sa fille priait avec la même foi, car il s'était fait raconter par Geneviève tous les détails du sauvetage de Julia; et à l'instant où le père et la fille achevaient leur prière, l'arbre menaçant qui devait causer la perte des jeunes filles s'arrêtait comme s'il eût été retenu par une main puissante; il ne continua sa marche que quand elles étaient hors de danger. Sans doute cet arrêt inattendu de l'énorme pièce de bois pouvait s'expliquer par des causes toutes naturelles; mais la coïncidence de cette suspension de mouvement avec la prière fervente, pleine de foi, d'un vieillard et d'une jeune fille, ne laissait pas que d'être quelque chose de bien extraordinaire. Sa raison se refusait à croire à un miracle, et cependant il n'aurait pas osé soutenir qu'il n'y en avait pas eu; mais ce qu'il pouvait affirmer avec certitude, c'est que rien n'était touchant, rien n'était sublime comme la foi qui animait en ce moment la prière du père Moreau, et qui se reflétait en quelque sorte dans son attitude, dans les traits de son visage, dans l'accent de sa voix. Oh! que n'aurait-il pas donné pour se sentir en cet instant animé lui-même d'une foi semblable! Il n'eût pas éprouvé les tortures qui déchiraient son cœur paternel, et dont le souvenir était encore pour lui si douloureux.

On conçoit qu'avec de pareils sentiments M. Monteley n'hésita pas un instant à accéder au vœu de sa fille. Geneviève courut en toute hâte chercher M. le curé, qui s'empressa de se rendre au désir de la jeune malade. Grâce aux soins de sa garde, il la trouva parfaitement disposée; elle reçut les sacrements avec une foi et une piété qui firent une profonde impression sur les assistants, sans excepter son père et sa mère, qui avaient voulu être présents à cette cérémonie. Quand elle se trouva seule avec eux, elle leur dit : « O mon papa, ô ma bonne maman, si vous saviez comme je suis heureuse à présent! Non, de ma vie je n'ai goûté un pareil bonheur... Je puis vous assurer aussi que je me sens beaucoup mieux; et loin d'aggraver ma maladie, je crois que la satisfaction d'avoir reçu les sacrements va hâter ma guérison. »

A partir de ce jour un mieux sensible se fit remarquer chez la malade; deux jours après, le médecin déclara qu'elle était hors de danger; et avant la fin de la semaine elle entrait en pleine convalescence.

Dès que les forces furent revenues à Julia et que son rétablissement complet ne fut plus l'objet d'un doute, Geneviève manifesta le désir de retourner chez ses parents et de reprendre ses travaux habituels. La convalescente en fut vivement affligée, et elle témoigna à sa mère tout le chagrin que lui causerait le départ de Geneviève. Mᵐᵉ Monteley n'en était pas moins contrariée; depuis qu'elle connaissait mieux cette fille, elle l'appréciait davantage; elle voyait avec plaisir l'influence qu'elle exerçait sur Julia, et, avec le sens délicat d'un esprit supérieur, elle comprenait que cette influence ne pouvait être que salutaire. Elle désirait la retenir auprès de sa fille; mais à quel titre? Après le service qu'elle leur avait rendu, elle ne pouvait lui offrir de la prendre comme une servante ordinaire; elle résolut donc de l'élever au rang de compagne. Avec l'intelligence qu'elle lui connaissait, Mᵐᵉ Monteley pensait pouvoir en peu de temps lui donner ce qui lui manquait du côté de l'éducation, en même temps qu'elle corrigerait facilement ce qu'elle regardait comme exagéré dans ses idées religieuses ; elle parviendrait ainsi à se faire une demoiselle de compagnie et une amie sûre et dévouée pour sa fille.

Elle communiqua ce plan à son mari, qui l'approuva. Il se chargea d'obtenir le consentement du père Moreau, et l'obtint, en effet, en lui faisant valoir les grands avantages qu'en retirerait sa fille, dont le sort désormais serait assuré. De son côté, Mme Monteley proposa à Geneviève de rester auprès de Julia comme sa compagne, comme sa sœur. « Mon mari et moi, lui dit-elle, nous vous regarderons comme notre enfant; au lieu d'une seule fille, nous en aurons deux, et vous serez l'aînée. »

Geneviève remercia Mme Monteley de ses bontés et de l'honneur qu'elle voulait bien lui faire : toutefois elle demanda la permission de réfléchir avant de répondre à une proposition très-flatteuse pour elle, mais qui allait apporter un grand changement dans sa vie et dans ses habitudes. Mme Monteley consentit.

Geneviève alla aussitôt consulter son père

et son confesseur. Nous connaissons déjà l'opinion du premier. Quant au second, il lui conseilla d'accepter, pour achever l'œuvre, qu'elle avait déjà si heureusement commencée, de gagner à Dieu l'âme de cette jeune personne dont on voulait qu'elle devînt la compagne. « Vous lui avez sauvé la vie, lui dit le bon curé; ce ne serait rien si vous ne travailliez à sauver son âme. Dieu semble lui-même vous avoir appelée à cette mission, que nul ne peut mieux remplir que vous. Seulement, en entrant dans cette maison, je vous engage à ne pas accepter d'y être traitée sur le pied de l'égalité avec la jeune demoiselle : non, cette égalité ne saurait être réelle, et quand même on vous ferait porter les mêmes vêtements, les mêmes ajustements qu'elle, on vous ferait toujours sentir la différence qui existe entre vous deux; je vous engage donc à rester dans votre condition; c'est dans le simple costume de bergère que vous avez déjà opéré beaucoup de bien en faveur de cette jeune demoiselle; elle ne vous écouterait pas mieux, elle vous écouterait peut-être moins bien si vous portiez la même toilette qu'elle. »

Geneviève éprouva d'autant moins de difficulté à se conformer aux avis de son confesseur, qu'ils ne faisaient que confirmer ses propres pensées. Elle avait pour Julia une affection sincère, et la proposition de rester avec elle ne pouvait que lui être agréable; mais en même temps elle ne pouvait se faire à l'idée de devenir elle-même une demoiselle, et de porter des robes et des ajustements mondains. C'était là le motif qui l'avait fait hésiter à accepter sur-le-champ la proposition de Mme Monteley. Elle lui en fit l'aveu immédiatement, en lui disant qu'elle acceptait avec plaisir l'honneur de rester auprès de mademoiselle sa fille, mais à condition qu'elle ne serait considérée que comme une simple domestique, et qu'elle garderait son costume de villageoise. « Paysanne je suis née, lui dit-elle en finissant, et paysanne je veux rester. »

Mme Monteley, après quelques instances nouvelles, céda enfin d'autant plus facilement, qu'elle n'était pas fâchée au fond de cette résolution de la bergère. Elle n'avait pas osé lui proposer d'entrer chez elle comme domestique, mais elle était contente qu'elle ne voulût y entrer qu'à cette condition.

Il fut donc décidé que Geneviève serait désormais femme de chambre de Mlle Julia, et elle fut installée le jour même en cette qualité. Mlle Annette, qui jusqu'ici avait servi de femme de chambre à la mère et à la fille, fut, à compter de ce jour, attachée exclusivement au service de Mme Monteley. Quoique par cet arrangement sa besogne fût diminuée de moitié et que ses gages restassent les mêmes, elle n'en fut pas moins jalouse de l'introduction définitive de Geneviève dans la maison, et celle-ci, comme nous le verrons, eut bientôt à souffrir des effets de cette jalousie.

Dès que la santé de Julia fut parfaitement rétablie, et que ses forces furent revenues, elle reprit avec Geneviève ses promenades accoutumées. Maintenant la bergère (nom que Mlle Annette et les autres domestiques continuaient à lui donner par dérision, et dont elle était loin de s'offenser) reprit avec sa jeune maîtresse, en y mettant plus de suite et de développements, ses entretiens sur la religion. Jamais le cœur de Julia n'avait été mieux disposé à recevoir ces pieux enseignements; le danger qu'elle avait récemment couru et dont elle avait été miraculeusement sauvée, la maladie qui en avait été la suite, et surtout les consolations qu'elle avait goûtées en recevant la sainte eucharistie, l'avaient suffisamment préparée à accueillir avec empressement ce qui serait propre à l'affermir et à la faire avancer dans la voie où elle était entrée. Aussi Geneviève n'eut pas de peine, en revenant sur les preuves de la divinité du christianisme et en les lui expliquant d'une manière plus complète, à la bien consolider dans sa foi. Puis, partant de cette grande vérité enseignée par le catéchisme, que « Dieu nous a créés pour le connaître, l'aimer, le servir, et par ce moyen obtenir la vie éternelle », elle n'eut pas de peine non plus à lui faire comprendre ce qu'il y avait de sublime dans cette cause et dans ce but de la création de l'homme : que notre vie entière devait être employée à connaître Dieu, c'est-à-dire à adorer ses perfections infinies, à l'aimer de tout notre faible cœur pour tâcher de répondre autant que nous le pouvons à l'amour infini qu'il a eu pour nous, à le servir fidèlement en observant ses commandements et ceux de son Église, en lui adressant sans cesse nos prières et nos hommages, et en suivant avec régularité les pratiques de la religion qu'il nous a enseignée, afin de mériter et d'obtenir la récompense immense, admirable au delà de toute expression, que Dieu nous offre pour prix de l'accomplissement de ces devoirs.

Pénétrée de ces grandes vérités, Julia reconnut enfin que sa vie avait un but. Dès lors elle fut tout à fait chrétienne ; elle ne devait pas tarder à être pieuse. Geneviève aurait pu s'applaudir de son œuvre, si c'eût été une fille à ne pas tout rapporter à Dieu ; elle le remerciait souvent de son succès, et le priait de le consolider par sa bénédiction ; mais au moment même où ce succès lui paraissait assuré et prochain, elle allait être soumise à des épreuves capables de le compromettre.

Nous avons dit que Mlle Annette était jalouse de Geneviève. Elle commença donc par la tourner en ridicule auprès des autres domestiques, à qui elle ne cessait de répéter : « Il faut avouer que Madame a eu une singulière idée de prendre pour garder sa fille une gardeuse de vaches et de moutons. » Comme en définitive cette sotte plaisanterie retombait encore davantage sur Mme et Mlle Monteley que sur Geneviève, elle fut abandonnée, non toutefois sans être parvenue aux oreilles de cette dernière, qui parut s'en émouvoir fort peu; seulement on lui conserva le nom de bergère, et même celui de *vachère*, qu'aimait à lui donner Mlle Annette.

Mais ceci n'était qu'une escarmouche. Quand on connut la piété de Geneviève, ce fut bien une autre guerre. Pendant tout le temps des repas à l'office, ce n'étaient que quolibets lancés contre les dévotes, les bigotes, pour me servir d'une de leurs expressions, qui au fond, ajoutait-on, n'étaient que des hypocrites, ne cherchant qu'à capter la confiance des maîtres sous ces dehors de piété, et à cacher leurs vices sous le manteau de la religion. Le valet de chambre, qui se piquait d'être un esprit fort, — tel maître, tel valet, — savait par cœur toutes les impiétés et les sarcasmes contre la religion qu'on trouve répandus dans les plus mauvais livres, et il se plaisait à les débiter devant Geneviève. Tant qu'on n'avait fait que l'attaquer elle-même, elle avait dédaigné de répondre; mais en entendant attaquer les choses saintes, elle en prit la défense avec simplicité, d'un ton calme, et en se contentant de dire : « Vous ne parlez ainsi de ces choses que parce que vous ne les connaissez pas. » Plus d'une fois ce ton calme, grave et digne, imposa silence à ses persécuteurs, car nous pouvons leur donner ce nom; d'autres fois il ne faisait qu'exciter les railleries et un redoublement de sarcasmes; alors elle se renfermait dans un silence absolu, se contentant de prier Dieu intérieurement, et de lui dire : « Mon Dieu, pardonnez-leur; car ils ne savent ni ce qu'ils disent ni ce qu'ils font. »

Elle supporta ces épreuves avec courage; mais d'autres plus pénibles encore l'attendaient.

Tous les matins, avant que personne fût levé au château, devançant l'heure où commençaient les obligations de sa place, elle allait entendre la messe, et souvent même elle approchait des sacrements. Personne ne pouvait trouver à redire à ces exercices de piété; car elle était toujours rentrée avant qu'aucun domestique eût paru. Julia, qui depuis quelque temps commençait à s'appliquer avec zèle aux pratiques de la religion, qui matin et soir récitait avec ferveur ses prières, assistait avec régularité et piété aux offices des dimanches, voulut aussi accompagner quelquefois sa femme de chambre à la messe du matin. Geneviève éveillait alors sa jeune maîtresse de meilleure heure que d'habitude, et toutes les deux se rendaient d'un pas joyeux à l'église.

Pendant plusieurs jours, ces sorties matinales ne furent point remarquées. A la fin,

Mⁱˡᵉ Annette, toujours aux aguets de ce qui pouvait fournir matière à satisfaire sa jalousie contre Geneviève, en fut avertie. Elle en fit aussitôt à sa maîtresse un rapport, dans lequel elle eut soin de faire entendre que la nouvelle femme de chambre abusait de l'influence qu'elle avait prise sur l'esprit de Mademoiselle pour la fatiguer de pratiques religieuses inutiles et nuisibles à sa santé, en la faisant lever chaque jour à cinq heures du matin.

Mᵐᵉ Monteley avait trop d'esprit pour être dupe des exagérations de sa femme de chambre; mais il lui déplaisait que sa fille et sa camériste se rendissent tous les jours à l'église, où elle, la mère de famille et la maîtresse, paraissait seulement le dimanche et à grand'peine : c'était en quelque sorte un reproche d'indifférence qu'on lui adressait indirectement; de plus, elle était mécontente que sa fille conçût pour Geneviève et pour sa piété un goût si prononcé. Elle s'expliqua là-dessus plusieurs fois avec Geneviève, en présence même de Julia : elle lui dit qu'elle voulait bien que sa fille eût de la religion, mais comme tout le monde (c'est-à-dire comme elle, et pas plus qu'elle); qu'étant destinée à vivre dans le monde, elle ne voulait point qu'elle se signalât, comme les dévotes de profession, ou des religieuses cloîtrées. « Vous fanatisez ma fille, » lui répéta-t-elle à plusieurs reprises, et d'un ton qui affecta péniblement la pauvre Geneviève.

Elle avait supporté patiemment, et sans se plaindre, les sarcasmes et les railleries des domestiques; mais les reproches de sa maîtresse l'accablèrent de douleur. Elle sentit sa patience poussée à bout; elle alla trouver son confesseur, lui déclarant qu'elle était résolue à quitter cette maison, où elle était trop malheureuse.

« Mon enfant, lui répondit le bon curé de Laverny dans son langage, à la fois simple et rempli de bon sens et de charité, vous n'êtes pas sur la terre pour être heureuse, mais pour faire du bien autant que vous le pourrez. Vous aurez toute l'éternité pour être heureuse avec Dieu. C'est chez Mme Monteley qu'est votre vocation, une vocation sublime; c'est vous que Dieu a choisie pour conquérir à lui l'âme d'une jeune et intéressante personne dont le monde allait faire bientôt sa proie. Par la fille vous gagnerez peut-être la mère; qui sait? peut-être aussi le père lui-même. Que la bassesse de votre condition ne vous paraisse pas devoir être un obstacle à un pareil succès; sans doute par vous-même, ma fille, vous n'êtes rien; vous n'êtes qu'un instrument dans la main de Dieu, et Dieu prend ses instruments partout où il lui plaît. Il a bien choisi de pauvres pêcheurs pour conquérir à lui l'univers entier; il peut bien avoir choisi une simple bergère pour accomplir l'œuvre dont nous parlons. Songez d'ailleurs que cette œuvre n'est peut-être pas aussi bornée qu'elle peut le sembler au premier aspect. Si Mlle Monteley se marie, grâce à vous elle sera une femme pieuse, une mère chrétienne, qui élèvera de bonne heure ses enfants dans la crainte de Dieu. Ses filles l'imiteront, et vous serez ainsi, vous, la mère de toute une série de mères pieuses; et tout le bien que, de génération en génération, ces mères produiront sur leurs enfants, sur leurs maris, sur le monde qui les entourera, tout ce bien sera l'ouvrage de l'humble bergère de Beauvallon, ouvrage d'autant plus méritoire qu'il sera plus caché, et qu'on aura bien vite oublié la simple fille des champs, instrument de si grandes choses. »

Geneviève n'eut pas un instant l'idée de résister à la voix de Dieu lui parlant par la voix de son confesseur. Elle retourna au château, résolue à marcher avec plus d'ardeur et d'un pas plus assuré dans la voie où elle se sentait appelée. Elle eut encore à souffrir de nouvelles épreuves; mais elle y opposa une douceur qui ne se démentit jamais, une sérénité qu'aucun nuage ne troublait, une scrupuleuse et ponctuelle assiduité à ses moindres devoirs.

Au milieu de ces épreuves, elle n'eut d'abord de consolations de personne que de sa chère Julia, qui semblait redoubler d'affection pour elle, en même temps que de piété et d'amour de Dieu. Bientôt elle s'aperçut que

Mᵐᵉ Monteley changeait de ton et de langage à son égard; elle lui parlait avec plus de bonté et de confiance que jamais; à l'office, les domestiques cessèrent tout à coup de la railler et de se moquer devant elle de la religion. Elle ne tarda pas à apprendre par Julia qu'une sévère réprimande leur avait été adressée par sa mère, avec menace de chasser le premier d'entre eux qui manquerait à Geneviève. D'où venait un changement si étonnant? Geneviève et Julia elle-même ne pouvaient le comprendre. Elles n'osaient encore l'attribuer à l'efficacité de leurs prières, par lesquelles chaque jour elles demandaient à Dieu de toucher son cœur; mais elles commençaient à espérer.

Si les pauvres enfants avaient connu toutes les difficultés qui restaient à surmonter pour arriver à la conversion de Mᵐᵉ Monteley, elles n'auraient peut-être pas été si promptes à espérer. En effet, une pareille conversion n'était pas chose facile. Il fallait rompre avec les habitudes de toute une vie, braver le respect humain, marcher d'un pas héroïque à l'assaut de la vérité. De longues infidélités avaient accumulé les obstacles entre cette précieuse vérité et cette âme si digne de la connaître. Une foule de préjugés obscurcissaient l'esprit de Mme Monteley; les travers de quelques gens pieux qu'elle avait connus lui apparaissaient sans cesse comme une objection irréfutable. Avec un sentiment d'amour-propre qu'elle se dissimulait à elle-même, elle leur opposait la rectitude constante de son jugement et sa propre vie, non-seulement toujours préservée de fautes graves, mais encore maintenue dans une invariable habitude de délicatesse et de générosité. Que gagnerais-je à changer, et en quoi serais-je meilleure en devenant chrétienne? Telle était la réponse qu'elle se faisait à elle-même lorsque quelque mouvement de la grâce la sollicitait de revenir à Dieu.

Mme Monteley avait un cœur excellent, en même temps qu'un esprit juste et observateur. En apprenant les infamies auxquelles Geneviève avait été en butte de la part des domestiques, et dont celle-ci ne s'était jamais plainte, Mme Montéley fut affligée de ce qu'avait dû souffrir cette pauvre fille, et elle se repentit elle-même de l'avoir traitée si rudement; elle ne put toutefois s'empêcher de reconnaître (elle essayait en vain de ne pas se l'avouer à elle-même) que c'était, après tout, une chose précieuse que la religion, une source féconde dans les périls de l'âme et de consolations dans les épreuves. Elle avait aussi suivi d'un œil attentif et défiant le progrès de la piété de sa fille, curieuse de constater, à côté de ses avantages, les inconvénients qu'elle en avait toujours supposés inséparables.

Fait de bonne foi, cet examen ne pouvait qu'amener de la lumière dans une intelligence aussi lucide que celle de Mme Montéley. Elle savait sa fille d'une nature droite et ennemie de toute bassesse, mais un peu roide, d'un caractère enclin à la rébellion, et dont l'âpreté touchait quelquefois, au moins dans la forme, à l'égoïsme. Elle reconnut facilement que la discipline chrétienne avait non-seulement tiré parti de ces bons éléments en les améliorant et en les élevant sans cesse, mais qu'elle avait assoupli cette humeur difficile, et fait succéder le dévouement et l'humilité à ces velléités d'égoïsme et de vanité que sa tendresse maternelle voyait poindre avec douleur. Six mois de piété avaient accompli ce que les efforts persévérants d'une éducation intelligente et tendre n'avaient pu opérer en six ans.

Cette épreuve était décisive. Sans en tirer de conclusion pour elle-même, elle reconnut que la religion avait produit un merveilleux effet chez sa fille, et dès lors elle la laissa parfaitement libre de suivre les conseils et les exemples de Geneviève ; elle cessa d'adresser à celle-ci des reproches, et défendit expressément à ses domestiques de la molester.

Telles étaient les causes du changement qui avait tant surpris Julia et Geneviève. Ce n'était pas encore une conversion ; mais ce pouvait y être un acheminement. Il fallait encore deux choses pour la ramener tout à fait : le chagrin et la maladie.

M. Monteley était parti depuis quelque temps pour Paris, où l'appelaient des affaires importantes, quand une dépêche télégraphique arriva au château, annonçant qu'il avait fait une chute de cheval très-grave, et qu'il désirait voir au plus tôt sa femme et sa fille.

Le lendemain elles étaient auprès du blessé, qu'elles trouvèrent dans un état déplorable. Nous n'essaierons pas de décrire tout ce que cette entrevue eut de déchirant. Au bout d'un certain temps, M. Monteley exigea que sa femme, brisée par la fatigue et la douleur, allât prendre quelque repos. Il voulait aussi éloigner Julia; mais elle résista en disant qu'elle ne se sentait point fatiguée, qu'elle veillerait avec Geneviève, et qu'elles dormiraient alternativement dans un fauteuil.

M. Monteley accepta les services de ses deux gardes-malades. L'arrivée des objets qui lui étaient chers sembla apporter quelque soulagement à ses douleurs; il éprouva un peu de calme, et bientôt le sommeil s'empara de ses sens. Quand il se réveilla, il aperçut au pied de son lit Julia et Geneviève qui priaient avec ferveur. Il se rappelle aussitôt la prière que l'une et l'autre avaient adressée au Ciel au milieu d'un danger terrible, et comment elles avaient été presque immédiatement sauvées de ce danger. Hélas! pensa-t-il, les pauvres enfants prient pour moi ; mais, je le sens, rien ne saurait me soustraire à la mort qui m'attend. Et il poussa un profond soupir, accompagné d'un gémissement que lui arrachait la douleur.

Les deux jeunes filles furent aussitôt sur pied, et Julia, s'approchant de son père, essuya d'une main caressante la sueur qui coulait de son front. « Vous priez pour moi sans doute toutes les deux ?

— Oui, mon père.

— Merci, mon enfant ; malheureusement tes prières ne sauraient être exaucées ; car je sais que je n'ai que peu de temps à vivre.

— Oh! ne dites pas cela, mon bon père ; Dieu est tout-puissant : il peut vous sauver s'il le veut, et il vous sauvera, je l'espère. Oh! si vous employiez le remède qui m'a sauvée dans ma maladie, vous savez? je suis sûre que vous en éprouveriez le plus grand soulagement.

— Je te comprends, ma fille : tu veux dire si me m'approchais des sacrements?

— Oui, mon père. Oh! faites-le, je vous en conjure, vous me rendrez bien heureuse.

— Je n'ai rien à te refuser, mon enfant, dans un pareil moment. Oui, fais venir un prêtre, je consens à l'entendre. »

Julia fit signe à Geneviève, et un instant après elle revint avec le vicaire d'une paroisse voisine. Quand le prêtre fut introduit dans la chambre du malade, sa fille et Geneviève se retirèrent auprès de Mme Monteley. Julia lui annonça ce qui se passait. Elle n'en parut point surprise, et voulut absolument se lever et retourner auprès de son mari, lorsque le prêtre eut annoncé qu'il allait lui donner le viatique et l'extrême-onction.

Que s'était-il donc passé entre l'homme de Dieu et l'homme si longtemps ennemi du christianisme? Celui-ci avait vu comme des écailles tomber de ses paupières; la lumière d'en haut avait lui à ses yeux ; avec une entière connaissance à laquelle d'horribles douleurs ne retiraient rien de sa lucidité, mais ajoutaient seulement un mérite de plus, il avait confessé ses péchés, écouté les instructions du prêtre, rappelé par un merveilleux effort de mémoire les enseignements chrétiens de son enfance, étonné par la ferveur de son repentir son confesseur lui-même. Il reçut les derniers sacrements en présence de sa femme, de son enfant, de Geneviève, et de quelques autres personnes, qu'il édifia par la manifestation de ses sentiments chrétiens. Il dit à Julia :

« Tu avais raison, mon enfant, le remède dont tu me parlais m'a procuré un soulagement indicible ; c'est à toi que je le dois : reçois-en mes remercîments avec ma dernière bénédiction. »

Il persista dans ses sentiments jusqu'à sa mort, et il rendit le dernier soupir avec un sourire de prédestiné. Lorsque le dernier souffle eut quitté ses lèvres, on remarqua que ses bras retenaient encore tendrement pressée contre sa poitrine l'image de Celui qu'il avait outragé toute sa vie.

Nous n'avons pas besoin de dire combien fut vive l'affliction de Mme Monteley et de sa fille. Celle-ci du moins trouvait une grande consolation dans l'idée que son père était sauvé, et qu'elle avait contribué à son salut.

Quelques jours après la mort de son mari, Mme Monteley éprouva de nouvelles attaques d'une maladie cruelle dont elle avait déjà ressenti les atteintes, et dont le séjour de Laverny semblait l'avoir guérie. Ainsi frappée dans sa santé et dans ses affections les plus chères, elle se tournait de plus en plus, et à son insu, vers le divin consolateur; c'était comme la pente naturelle d'une vie dont la droiture et la pureté avaient été tout à la fois une réminiscence et comme une pierre d'attente du christianisme. Je ne sais quelle voix intérieure lui disait que, si elle pouvait retrouver la joie quelque part, c'était là.

Mme Monteley était une femme sincère et forte avec elle-même. Dès qu'elle eut entrevu la vérité, elle marcha dans cette direction jusqu'à ce qu'elle l'eût rencontrée. Enfin, quand elle lui apparut clairement, elle s'y attacha par un étroit embrassement, que la mort ne devait point rompre, mais transformer en l'immortalisant.

Deux semaines à peine s'étaient écoulées depuis la mort de son mari que Mme Monteley recevait l'absolution du même prêtre qui avait assisté celui-ci à ses derniers moments ; c'était la seule (elle le disait elle-même en versant des larmes) depuis sa *première communion*. Comme son état maladif l'empêchait de sortir, elle reçut dans sa chambre son divin consolateur, pleine de reconnaissance et de repentir ; un calme qu'elle n'avait jamais connu prit possession de son âme, et la douleur elle-même se tut en présence de Celui qui est le maître de la maladie comme de la mort.

« Mes enfants, dit-elle d'une voix pleine de douceur et d'autorité en s'adressant à Julia et à Geneviève, mes enfants, que Dieu vous conserve à jamais le bien que vous me rendez aujourd'hui. Tu sais aussi bien que moi, ma chère Julia, à qui tu dois, après Dieu, ta conversion, et la mienne par conséquent. Ma bonne Geneviève, vous n'avez pas voulu être l'égale de ma fille : eh bien, nous serons toujours, aux yeux du monde, vous la servante, nous les maîtresses ; aux yeux de Dieu et à toujours, vous serez notre bienfaitrice, nous vos obligées. Embrassons-nous ; et, si Dieu me donne la force de faire encore le voyage de Laverny, je veux que le village tout entier nous voie assises toutes trois ensemble à la sainte table ; chacun saura que vous êtes notre mère en Dieu, et Dieu sera béni de tous ceux qui l'aiment. »

Le désir de Mme Monteley s'accomplit. Trois mois après elle fut en état de faire le voyage de Laverny ; et le dimanche qui suivit son retour au village elle communia, avec sa fille et Geneviève, en présence, et à l'édification de toute la paroisse.

Mme Monteley ne guérit point de sa maladie, qui était incurable : elle en souffrit encore pendant trois ans, et offrit à Dieu ses douleurs en expiation de ses péchés ; enfin elle mourut dans les sentiments de la plus exquise piété.

Julia s'est mariée depuis à un jeune homme pieux comme elle, et leur naissante famille promet à l'Église et à la société des chrétiens solides, comme ils sont si rares de nos jours.

Geneviève n'a point quitté sa chère Julia. Elle l'aide à élever ses enfants, et elle peut voir ainsi le commencement de l'accomplissement de la prophétie que lui a faite le bon curé de Laverny.

FIN

TABLE

Chapitre I. — Une jeune personne accomplie. 7
— II. — Le sentier du Petit-Bois. . . 16
— III. — L'accompagnement improvisé. 39
— IV. — La clôture du mois de Marie. 60
— V. — Le torrent de la Combe-au-Faisan. 85
— VI. — Une prophétie accomplie . . 108